JN411423

청년 살다

서울형
청년주거복지와
청년실업정책의
변화를 만들다

김인제 지음

시공문화사

..

청년활동에 대한 예산, 공간, 행정을 지원하되 그 과정에서
청년의 주도권을 보장하고, 기존의 청책 토론회를 포함하여
다양한 청년과의 소통채널을 운영하고, 청년단체와 활동가들의
네트워크를 구축함으로써청년들의 경험과 정보를 공유하고,
다양한 홍보·강좌·세미나 개최 등으로 청년들의
참여 기회를 확대하는 등의 방식으로 가시화된다.
이제 청년은 지표상의 문제집단이 아니라
주체적인 행위자이자 삶의 자발적 기획자로서
관리되기 시작한다.

..

차례

일러두기

1. 이 도서는 2019~2022년 열린 서울주거복지포럼에서 진행된 내용과 2021년 포스트 코로나시대 청년실업문제 해결을 위한 연속포럼의 내용을 바탕으로 집필됐다.
2. 법률은 「 」, 단행본은 『 』로 표기했다. 연구논문, 온라인 저널 등 단일 원고인 경우 ' '로 표기했다.

청년의 삶을 위한 미래 혁신 공간

김인제
서울시의원

세상에는 변하는 가치와 변하지 않는 가치가 있다. 존재할 만한 시간이 흐르면 사라지거나 변화하는 가치. 어떤 시간에도 결코 포기하거나 타협할 수 없는, 더 나아가 한결같이 매력적이고 설레는 가치. 두 가지를 구분 짓는 요소는 분명 시간만은 아니지만 급변하는 사회가 성장과 혁신을 요구할수록 시간은 가치 결정 요소로 큰 비중을 차지한다. 상반되는 듯 보이지만 결코 상반될 수 없는 두 가지 가치를 상반되는 것으로 바라보지 않는다. 이 두 가치는 빠른 성장과 큰 혁신을 요구하는 현재와 미래를 잘 살아갈 수 있는 지혜가 담겨 있기 때문이다.

나는 대한민국의 혁신 성장 동력인 '청년', 그리고 그 청년들의 '집'을 변하는 가치와 변하지 않는 가치의 관점에서 이 책을 시작하고 싶었다. 국가 미래 경쟁력의 주체로서의 청년은 굳이 여러 수식어로 나열하지 않아도 누구나 공감하고 이해하는 세대다. 가난하거나 화려한 경력이 아직 없어도 젊음, 열정, 도전 정신으로 기성세계의 적폐와 구습을 단절하고 급변하는 시대에 혁신적인 대한민국을 이루어가는 핵심 세대다.

대한민국의 청년은 다른 선진국과는 조금 다른, 특별한 존재였다. 그 이름만으로도, 청춘이라는 느낌만으로도 설레고 만족하는 세대를 넘어 근대화를 식민지 시기와 맞물려서 경험한 1900년대 초의 조선 청년들은 개인의 미래에 대한 고민과 함께 민족의 자주독립에 기여하고 참여하는 것을 주요한 가치로 여겼다. 또한 이후 1987년 민주항쟁의 결과로 대한민국의 민주주의를 정착시키는 주요 미래 세력이 바로 이 땅의 청년 세대다. 이들은 기성세계의 창조적 파괴의 주체이며 계몽의 실천자였다. 시대상에 따라, 직면하는 어려움의 양상에 따라 청년들은 미래 가치를 인식하고 변화하며 주체적으로 행동했다. 또한 사회에서도 그런 가치를 높이 평가하였다.

그런데 1997년 IMF 사태 이후 우리 사회의 실업은 개인적 문제가 아니라 사회와 경제 구조적 문제로 확대됐고, 2000년 이후 세계적 수준으로 사회가 선진화되면서 청년의 이미지가 '청년 백수'로 대변되기 시작했다. 일자리를 잃고 방황하는 이들에게 더 나아가 연애, 결혼, 출산까지 포기하게 만드는 청년 실업 문제는 사회 활력, 특히 진보의 가능성을 떨어뜨린다. 2000년대 이후 사회 진보의 기여와 역할이 축소된 청년들은 경제위기 속에서 개인적으로 생존하기 위해 수동적 자기 계발에 몰두하거나 공무원 시험 준비에 올인하며 일신의 안정을 추구하며 변화와 혁신성을 잃고 그저 그런 사회구성원으로서 혹은 단순노동자가 될 위험이 있다. 항상 있어왔던, 현재 맞닥뜨린 여러 어려움에도 불구하고, 그로 인한 사회의 시선과 자신의 자가 평가가 부정적이더라도 결코 놓쳐서는 안 되는 것은 청년의 변하지 않는 가치, 미래지향적 성장 동력의 주체라는 가치다.

이렇듯 '88만 원 세대', 'N포 세대', '지옥고', '취업빙하기'라는 신조어가 쉽게 눈에 띄지만 가볍게 읽히지 않는 이유는 그 단어의 무게가 내 가슴에 오랫동안 남아 있기 때문이다. 기성세대보다 자유롭게 사유하고 여유롭고 자기중심적으로 생활하면서 미래를 담으려고 노력하는 청년 세대의 본디 성향상 이들을 바라보는 사회의 시선과 스스로의 평가가 항상 긍정적일 수 없다. 더구나 현재 암울한 상황과 청년의 현주소, 설움을 명확하게 표현한다고 해도 결코 잊지 말아야 하는 것은 청년의 푸르고 푸른, 변하지 않는 가치와 가능성이다. 이는 노동과 주거, 재정과 삶의 미래가 아무리 청년 세대를 쥐고 흔들어 나락으로 떨어뜨리려고 해도 포기할 수 없는, 부정할 수 없는 불변의 가치인 것이다.

그렇다면 청년의 가치를 지켜내기 위해, 가치에 가치를 더하기 위해, 변화해야 하는 가치는 무엇인가? 나는 그것을 '청년의 집'으로부터 풀고 싶다. '집'으로 시작하려는 것은 집이 갖고 있는 변하지 않는 가치가 청년의 변하지 않는 가치를 돕기 때문이다.

영국의 시인이자 비평가 T. S. 엘리엇은 "집은 한 사람이 시작되는 곳"이라고 말했다. 유년기를 지난 청년에게도 집은 사회인으로 살아가는 기반이 되는 곳이다. 사회인의 기반이 된다면 사회의 기반 또한 집이라고 할 수 있다. 그 기반이 흔들린다면 사회인이 흔들리고 사회가 흔들린다. 어떠한 변화에도 변하지 않는 것은 집은 한 사람이 시작되는 곳이고, 한 사람이 자라나는 곳이고, 한 사람이 어떤 역경에도 흔들리지 않고 다시 일어서도록 붙들어주는 곳이고, 한 사람이 더 높이, 더 멀리 뛸 수 있도록 격려받는 곳이다. 이는 집의 변하지 않는 가치다.

이런 집의 변하지 않는 가치가 나라의 혁신 성장 동력의 주체인 청년 한 사람을 돕는다면, 그 한 사람 한 사람이 모여 시너지를 낼 수 있는 기반이 되어준다면 그 누가 이들의 집의 가치를 가볍게 이야기할 수 있을까? 하지만 변하지 않는 가치만 가지고는 그 가치를 증대시킬 수 없다. 단순히 의식주의 '주(住)' 개념으로만 본다면 급변하는 시대에 적응하지 못할 것이다. 집의 패러다임이 바뀌어 일하는 청년, 국가의 혁신 성장 동력의 주체인 청년의 적극적 기반 역할을 집이 해줘야 한다. 그런 공간으로서의 집을 '혁신 공간'이라고 부른다. 그렇다면 청년들 또한 '청년혁신가'로 부를 수 있고 청년혁신가가 '혁신 성장'의 주체로서 일할 수 있도록 '혁신 공간'을 제공하는 '혁신 지원'은 이 시대의 필연적 의무이자 전략이다.

나는 이 책을 통해 이 힘든 사회를 함께 살아가고 있는 우리 모두에게 '청년'과 '집' 그리고 더 나아가 '일'에 대한 의식을 바꾸어 가치를 가치답게, 가치에 가치를 더하는 사회를 함께 만들자고 힘차고도 따뜻하게 외치는 목소리가 되고 싶다. 청년들을 향한 신조어가, 더 나아가 우리 사회를 향한 신조어가 더 밝아졌으면 좋겠다.

1

오늘의 집

우리나라 주거 정책의 패러다임이 변화해야 한다.
과거에는 무조건 공급에 치중하고 계층도 중요하지 않았다.
이제는 새로운 접근을 해야 한다. 대한민국의 과거 패턴을
이제는 주거권, 수혜자 중심으로 바꾸어 주거빈곤을
해소하면서 특정 계층을 지향하고, 지방정부가 중심이
되어 다양한 형태의 정책을 제공해야 한다

1-1

오늘
살아가야 할 곳

청년의 집을 말하기에 앞서 가장 기본적인 주거복지 개념에 대해 정의해보자. 전 세계적으로 통용되는 주거복지의 개념은 '주거권'에서 출발한다고 할 수 있다. 즉 '모든 사람은 적절한 주거에 살 권리가 있다'라는 명제다. 다시 말해서 주거 서비스 제공 동기가 비영리, 이윤 추구가 아니라는 점이 중요하다. 모든 사람은 태어나서 죽을 때까지 의식주를 필요로 하는데 그중에서도 인간다운 생활을 가능할 수 있게 하는 주거가 보장이 되어야 한다는 것이다.

한편, 이러한 주거권을 보장하기 위해선 관련된 노력이 필요하다. 우리나라도 1990년 7월에 유엔총회의 '경제적, 사회적 및 문화적 권리에 관한 국제규약(International Covenant on Economic, Social and Cultural Rights, ICESCR)'(A 규약)에 가입을 했다. 이러한 국제 규약은 국내법과 같은 효력을 지닌다. A 규약은 경제적, 사회적, 문화적 국제 규약으로 그 내용은 다음과 같다.

> "이 규약의 당사국은 모든 사람이 적당한 식량, 의복 및 주택을 포함하여 자기 자신과 가정을 위한 적당한 생활수준을 누릴 권리와 생활조건을 지속적으로 개선할 권리를 가지는 것을 인정한다."

UN에서 이야기하는 이러한 주거권을 확보하기 위해서는 아래의 7가지 사항을 충족해야 한다. 세계인권선언의 사회권 규약(International Covenant on Economic, Socialand Cultural Rights)에 기초해 UN 경제 · 사회 · 문화적 권리위원회(UN Committee on Economic, Social and Cultural Rights, CESCR)는 '일반논평 4: 적절한 주거에 대한 권리(General Comment No. 4: The Right to Adequate Housing)'를 통해 적절한 주거의 7대 요소에 대해 다음과 같이 밝힌 바 있다.

1) 점유의 법적 안정성(Legal security of tenure)
2) 적절한 서비스, 물질, 시설 및 인프라(Availability of services, materials, facilities and infrastructure)
3) 부담 가능성(Affordability)
4) 건강하고 질병으로부터 보호받으며, 과밀하지 않아 거주하기에 적합함(Habitability)
5) 장애, 노인, 아동, 질환, 재난 피해자의 우선적 고려(Accesibility)
6) 교육, 고용, 보건 등 사회적 시설에 접근 가능하며, 오염되지 않은 지역에 위치(Location)
7) 주거 건축 및 정책에 있어 문화적 적절성(Cultural adequacy) 등

그러나 주위에서 언급한 적절하고 부담 가능한(Affordability) 주거라는 방향은 주택가격과 각종 주거비용의 상승으로 인해 많은 국가에서 달성하기가 매우 어려운 과제로 여겨지고 있다. 한국의 저소득층 역시 적절한 주거는 부담 가능하지 않고 부담 가능한 주거는 적절한 주거가 되지 못하는 문제에 부딪혀 있다.

주거복지의 방법론

자본주의 사회에서는 기업이나 정부의 독점 등 여러 가지 불평등이 존재하는데 이러한 시장 실태를 완화하고, 예방하고 치유하기 위해서는 정부가 시장에 개입해야 한다. 이런 주거권을 보장하기 위한 구체적인 방법으로 '사회주택, 공공영구 임대주택', '임대료 보조', '바우처 지급' 등이 있다. 이러한 것이 바로 주거복지 정책의 한

영역이다.

주거복지 정책의 본질을 이해하기 위해서는 공공부문과 민간부문의 역할을 비교·대비해야 한다. 그래야만 공공기관이 지향하는 가치나 목표가 무엇인지 이해할 수 있다. 예를 들어 공급과정을 살펴보면 공공부문의 주택소요와 민간부문의 주택수요로 나뉜다. 주택소요는 '정책적 개념'이고 주택수요는 '시장 개념'이다. 주택소요는 인간다운 주거생활을 못하는 사람들을 배려하는 것이고 주택수요는 지불의사와 지불능력이 있을 때 가능하다. 이처럼 국가지원, 점유관계 등에 공공부문과 민간부문에서 분명한 역할과 기능의 차이가 있다.[1)]

지원 방식에 따른 분류

만일 공공부문의 주거복지 대상이 정해져 있고, 사람들을 위해 지원과 보조를 해야 한다면 어떠한 형식과 방식으로 지원해야 하는지 논의해야 한다. 지원 방식은 크게 2가지로 분류할 수 있다. 하나는 '생산자 보조 방식'이고, 다른 하나는 '소비자 보조 방식'이다. '생산자 보조 방식'은 한국토지주택공사(LH공사)나 서울주택도시공사(SH공사)처럼 정부나 공공, 민간단체가 직접 주택을 지어서 공급자에게 지원하는 방식이다. '소비자 보조 방식'은 주택 바우처나 현금으로 임차자에게 임차료를 보조하는 방식이다. 이외의 제3의 방식에 대해서도 생각해볼 필요가 있다. 더 나아가 '한국형 모델'이나 '서울형 모델'을 제시할 수 있다. 이런 것이 자치분권형 주거복지를 위해 연구하고 고민해야 할 부분이다.[2)]

정리하면 우리나라는 주거복지를 크게 2가지로 구분하고 있다. 하나는 공공영구 임대주택을 보급하는 것이고, 다른 하나는 주택 바우처(주거급여)를 보급하는 것이다. 다행히도 서울시는 공공영구 임대주택 보급뿐만 아니라 어느 자치단체보다 먼저 주거급여 제도를 실천하고 있다.

주거 서비스 전달체계의 문제

우리나라 주택보급률이 100%를 넘은 지 10여 년이 지났다. 그럼에도 불구하고 여전히 임차가구는 전체 가구의 약 45%를 차지하는 등 주택소유의 심각한 불균형을 보이고 있다. 또한 최저주거기준 미달가구는 111만 가구(5.7%)라고 '2018년 주거실태조사 결과'에서 발표됐지만 주거권 관련 시민단체들은 현실적인 수치는 300만 가구가 넘을 것이라고 예측하고 있다. 이와 같이 주거복지는 우리 사회의 가장 중요한 화두인 사회양극화 문제해결의 핵심 대안이며, 저소득층의 삶의 질 개선에 필요한 일이다. 이러한 현실적인 상황에 근거하여, 주거관련 민간단체들은 2000년대 초·중반부터 주거복지 문제해결에 적극적으로 개입하기 위한 논의를 활발하게 진행했다.

2011년 4월 1일, 전국홈리스연대, 전국쪽방상담소협의회, 한국주거복지협회, 한국장애인단체총연맹, 전국주거복지센터협의회 등의 민간단체들이 '전국주거복지협의회'를 구성했다. 주 목적은 심화되는 사회양극화 현상의 가장 중심적이고 근본적인 문제인 주거와 관련해 다양한 주거취약계층의 문제를 사회적으로 국민들에게 알리고, 근본적인 문제해결을 위하여 연대하고 협력하여 기여하는 것이다. 가장 핵심적인 활동으로 「주거기본법」 제정운동을 시작했고, 우여곡절 끝에 2016년 1월에 제정되었다.

주거권

주거권이란 인간의 기본적 권리로 접근한 개념으로 인간다운 생활을 영위하기 위해 필요한, 그 최소한의 기준을 충족시키는 주택에 거주할 수 있는 권리이다(유엔인권위원회, 1993). 적절한 주거지 확보는 인간의 자유, 존엄성, 평등 그리고 안전을 위한 필수조건이다. 주거권은 인간의 기본적인 권리이며, 모든 국가는 자국민의 주거권 보장을 위해 최선을 다해야 한다. 여기서 적절한 주거란 사생활 보호, 공간의 적절성, 물리적 접근성, 점유 안전성, 구조적 안정성, 조명·난방·환기·물공급·쓰레기 처리 등 바람직한 환경의 질과 건강에 관련된 적절한 기반시설의 확보, 일자리와 기본적인 편의시설에서 멀지 않은 입지 등을 포함한다. 그리고 이 모든 조건을 자신의 경제적 능력에서 적절한 지출을 통해 확보할 수 있어야 함을 의미한다.[3)]

---

1. 하성규, '주거복지 정책의 현재와 미래', 2019 서울주거복지포럼, 2019년 5월 29일 기조강연.
2. 하성규, 이하 동일.
3. 홍인옥, 2008.

1-2

오늘의 집을 위한 최소한

「주거기본법」 제5조 제1항 제7호에는 '장애인, 고령자, 저소득층 등 주거지원이 필요한 계층에 대한 임대주택 우선공급 및 주거비 지원 등에 관한 사항'이 포함된 주거종합계획을 수립·시행하도록 하고 있다. 「주택법」 제1조에는 "이 법은 쾌적한 주거생활에 필요한 주택의 건설·공급·관리와 이를 위한 자금의 조달·운용 등에 관한 사항을 정함으로써 국민의 주거안정과 주거수준의 향상에 이바지함을 목적으로 한다"고 규정하고 있다.

광의의 주거복지의 기본적인 대상은 모든 사회 구성원이며, 좁은 의미에서는 주거환경이 열악한 주거 빈곤계층이나 경제적 약자이다. 즉 재정여건, 사회적 형평성 등의 이유로 인해 정부가 우선적으로 지원해야 할 대상을 별도로 선정한다. 최저주거기준 미달가구, 주거비 지불능력이 현저하게 낮은 가구, 노숙자, 쪽방 및 비닐하우스 거주자 등이다.

저소득층이란?

저소득층의 사전적 의미는 낮은 소득을 지칭하거나 낮은 소비 수준을 의미한다. 최저생계비를 기준으로 가족 구성원을 곱한 월수입보다 적은 돈으로 생활하는 가구이며, 공적인 빈곤기준의 생활보호수준과 동등 혹은 그 이하 소득으로 생활하는 계층이다. 고령자, 생활무능력자 등 소득실현이 불가능한 사람들이 포함된다. 소득수준 측정 방법에 따라서 절대적 기준은 최저생계비 기준, 상대적 기준은 소득분위 기준으로 저소득층을 분류한다. 소득분위란 통계청 가계동향 조사에서 전국 가구 평균 소득금액을 소득 순으로 그룹화하여 최하위 가구부터 최상위 가구까지 10(5)구간으로 그룹화한 것이다. 소득분위는 주택 정책, 복지 정책의 근거로 사용된다. 주택 정책 지원 대상 계층은 절대소득 및 상대소득 기준에 따라 적용하고 있으나, 현재 지원 프로그램별로 각기 다른 기준을 준용하고 있다.

- 통계청의 도시근로자 가구 월평균 가구소득을 기준으로 50% 이하(영구임대주택, 다가구 매입임대주택, 기존주택 전세임대주택), 또는 70% 이하(국민임대주택)
- 국민주택기금 융자지원은 연소득 기준 및 최저생계비 기준 적용
- 주거급여는 중위소득 43% 이하 가구가 지원 대상
- 소득 기준 이외 자산 기준도 적용, 광범위한 사회취약계층(한부모 가정, 차상위, 소년소녀 가정, 고령가구, 장애인, 쪽방 및 비닐 하우스 거주자, 북한 이탈주민, 국가유공자 등)을 대상으로 함

2003년부터 시작된 소득계층별 지원 방안을 살펴보자. 소득 1~2분위는 주거수준 미흡 및 주거비 부담능력 취약계층으로 영구임대주택, 다가구 매입임대주택, 기존주택 전세임대 등의 공급 대상이다. 소득 3~4분위는 자가주택 구입능력 취약계층이며 소

소득계층별 지원 구조

구분	특징	지원방향
소득1-2분위	임대료 지불능력 취약계층	· 영구임대주택, 다가구 등 다가구임대 · 기존주택 전세임대, 소형 국민임대주택 공급 · 주거급여 지원 확대
소득3-4분위	자가주택 구입능력 취약계층	· 국민임대주택 집중 공급, 불량주택 정비 활성화 · 전월세 자금지원 확대
소득5-6분위	정부지원 시 자가가능 계층	· 중소형주택 저가공급 · 주택구입자금 지원강화
소득7분위 이상	자가주택 구입가능 계층	· 시장기능에 일임 · 모기지론 등 금융지원

득 7분위 이상은 자가주택 구입가능 계층으로 시장 기능에 일임을 하고 있다고 본다.

앞으로 정부는 이들을 위해 맞춤형 주거복지 정책을 펼쳐야 할 것이다. 주거복지 배분의 형평성을 고려하여 주거복지 총합을 극대화하고, 시장참여가 곤란한 계층에 대한 주거지원의 기준과 정책방안을 마련하는 것이다. 주거복지정책은 안전한 주택을 확보하여 최저주거기준과 주거비 지불능력을 충족할 수 있도록 하여 수혜자가 주거안정을 누릴 수 있도록 해야 한다. 또한 주거환경을 양호하고 안전하게 개선하고 고용 및 교육 등 교육시설의 접근성을 높일 수 있도록 주거지를 제공해야 한다. 인간의 존엄을 인정하고, 최저한의 건강하고 문화적 생활을 영위할 수 있는 거주공간을 제공한다. 이때 문화적 생활은 주택·고용·교육·의료·사회보장·건강을 포괄한다.

공공임대주택 공급과 주택지원 사업

구체적인 방법을 보면 현물보조에는 주택이나 택지의 직접공급, 공공임대주택의 공급이나 주택지원 등이 해당된다. 현금보조에는 지원이 필요한 수요자에게 금융, 조세, 임대료 규제 등의 방법으로 지원, 임대료 보조, 전세자금 등을 지원한다.

국민임대주택 입주자격

구분	공급기준
전용면적 50㎡ 미만	전년도 도시근로자 가구당 월평균 소득 50% 이하인 자에게 우선공급
전용면적 60㎡ 미만	무주택세대주로서 전년도 도시근로자 가구당 월평균 소득의 70% 이하인 자
전용면적 60㎡ 초과	무주택세대주로서 해당 세대의 월평균소득이 전년도 도시근로자 가구당 월평균소득 이하인 자

현물보조에 속하는 국민임대주택의 입주자격은 평형에 따라 입주기준을 달리한다(도시근로자 가구당 월평균소득을 기준으로 한다).
다가구 임대, 전세임대 및 주거급여 지원 대상은 국민기초수급권자 및 차상위층이다. 구입자금, 전세자금 지원 대상은 아래와 같다.

- 근로자, 서민 주택구입자금: 부부합산 연소득 3천만 원 이하 가구
- 근로자, 서민 전세자금: 연소득 3천만 원 이하 가구
- 저소득가구 전세자금 대출: 가구소득이 최저생계비 2배 범위 내

국민임대주택 입주자 선정 시 모든 입주자에 대해 부동산, 자동차 등 금융자산 등을 포함한 총자산기준(2018년 기준, 2억 4,400만 원 이하)을 확인하는데 이와는 별도로 자동차 기준(2017년 기준, 2,545만 원 이하)을 적용한다. 임대주택이란 주거 측면에서 기본적인 욕구를 채우지 못한 계층을 대상으로 국가나 사회가 제공하는 주택 서비스를 말한다. LH공사는 주거수준이 열악한 저소득층 등을 대상으로 이들의 주거안정을 위해서 매입임대 사업 등 다양한 주거복지 사업을 실시하고 있다. 공공임대주택의 유형은 다음과 같다.

영구임대주택_ 국가나 지방자치단체의 재정을 지원받아 최저소득계층의 주거안정을 위하여 50년 이상 또는 영구적인 임대를 목적으로 공급하는 공공임대주택이다. 1980년대 말 주택 200만 호 건설계획의 일환으로 도시영세민의 주거안정을 위하여 건설·공급되기 시작한 영구임대주택은 우리나라 최초로 시도된 사회복지적 성격의 임대주택으로서 의의가 있다(한국주거학회, 2007).

국민임대주택_ 국가나 지방자치단체의 재정이나 「주택도시기금법」에 따른 주택도시기금의 자금을 지원받아 저소득계층의 주거안정을 위하여 30년 이상 장기간 임대를 목적으로 공급하는 공공임대주택이다. 50년 임대주택 건설이 중단된 이후 1998년 2월부터 중점적으로 공급되기 시작한 장기임대주택이다.

행복주택_ 행복주택은 국가나 지방자치단체의 재정이나 주택도시기금의 자금을 지원받아 대학생, 사회 초년생, 신혼부부 등 젊은 층의 주거안정을 목적으로 공급하는 공공임대주택이다.

장기전세주택_ 장기전세주택은 국가나 지방자치단체의 재정이나 주택도시기금의 자금을 지원받아 전세계약의 방식으로 공급하는 공공임대주택이다.

분양전환 공공임대주택_ 분양전환 공공임대주택은 일정 기간 임대 후 분양전환할 목적으로 공급하는 공공임대주택을 말한다.

기존주택 매입임대주택_ 기존주택 매입임대주택은 국가나 지방자치단체의 재정이나 주택도시기금의 자금을 지원받아 기존주택을 매입하여 「국민기초생활 보장법」에 따른 수급자 등에게 공급하는 공공임대주택이다.

기존주택 전세임대주택_ 기존주택 전세임대주택이란 국가나 지방자치단체의 재정이나 주택도시기금의 자금을 지원받아 기존주택을 임차하여 저소득 서민에게 전대(轉貸)하는 공공임대주택이다.

주거급여

「주거급여법」 제1조에 나오듯이 주거급여는 저소득층 등 취약계층을 위해 실시하여 국민의 주거안정과 주거수준 향상에 이바지함을 목적으로 한다. 이는 「국민기초생활 보장법」 제7조 제1항 제2호에서 서술하듯 주거안정에 필요한 임차료, 수선유지비, 그 밖의 수급품을 지급하는 것을 말한다(동법 제2조 제1항). 수급자의 가구원수, 거주 형태, 부담수준, 지역 여건 등을 감안하여 임차수급자에게는 임차급여를 지급하고, 자가수급자에게는 주택 노후도에 따른 맞춤형 주택 개보수가 가능하도록 수선유지 급여를 지급한다. 생계비 보전 목적으로 지원되는 기존의 주거급여에 비해 수급 대상 계층도 확대됐고, 지원금 수준도 지역별 임차료 수준과 거주 여건 등을 종합적으로 반영하므로 보다 실질적인 지원을 보여준다.

국토교통부는 다양한 유형의 공공임대주택 공급, 버팀목 대출, 월세 대출과 더불어 개편한 주거급여 제도를 통해 취약계층의 주거안정, 주거비 부담완화, 주거수준 향상을 위한 종합적인 주거복지 지원체계를 운영하고 있다.

「국민기초생활 보장법」 제3조에 의한 급여는 수급자가 자신의 생활을 유지·향상시키기 위하여 소득, 재산, 근로능력 등을 활용하여 최대한 노력하는 것을 전제로 이를 보충·발전시키는 것을 기본원칙으로 한다. 그 대상으로는 근로능력 여부·연령 등에 관계없이 소득 인정액이 기준 중위소득 43% 이하인 모든 가구로 가구단위로 보장하고, 필요한 경우 개인단위로 보장한다.

최저주거기준 미달 가구 해소 방안

공공임대 정책과 최저주거기준 미달 가구 해소 방안을 연계하는 대안도 고민해야 한다. 이에 대한 정부의 정책이나 지방자치단체의 시행이 제대로 되지 않고 있기 때문이다. 공공임대주택에 관한 경제적 필요성의 관점으로만 보면 주거복지 정책에서 높은 우선순위를 두어야 할 소득계층은 소득 하위 20%, 좀 더 넓게는 소득 40% 가구까지는 우선적인 대상으로 할 필요가 있어 보인다. 다만, 공공임대주택을 어떤 소득계층까지 공급할 것인가 하는 문제는 나라마다 달리 보고 있다. 한국보다 훨씬 일찍 사회주택을 공급해왔던 유럽 각국도 사회주택(Social housing)의 공급 대상 계층에 대한 일치된 견해를 찾기 어렵다. 공공임대주택 재고가 많은 네덜란드의 경우 사회주택 지원 자격으로 소득기준을 적용하지 않는 것으로 알려져 있고[1], 프랑스도 지역마다 소득 상한이 달리 설정되어 있지만 소셜 믹스를 위해 상당히 높은 수준의 소득 상한이 설정되어 있다. 그리고 노숙자, 퇴거위기에 처한 가구, 열악

한 주거에 거주하는 가구, 좁은 면적에 거주하는 가구, 장애인 등 우선적인 공급대상을 운영하고 있다.[2] 미국의 경우 지역마다 다르지만 LA의 경우 2018년 4월에 발표된 가구 중위소득이 6만 9,300달러인데, 부담가능주택에 지원하기 위한 가구소득은 연간 5만 4,250 달러보다 적어야 한다.[3] 한편, 지난 몇 년간 한국 정부는 청년, 신혼부부 등의 계층도 공공임대주택 공급의 대상 계층으로 포함시킬 필요가 있다는 문제의식을 갖고 비교적 적극적으로 공급을 해왔다. 한국도 이제 이 문제에 대해 본격적인 논의를 해볼 때가 되었다.[4]

생산자 보조 방식에서 소비자 보조 방식으로

앞서 말한 생산자 보조 방식은 공급자에게 보조하는 방식이다. 정부가 직접 주택을 건설하거나 공공주택 기관을 만들어서 시장 임대료보다 저렴하게 사회주택, 임대주택을 공급하는 방식이다. 제1차 세계대전 이후에 대부분 국가에서 이 방식을 많이 사용했다. 그러나 1960년대 이후에는 이러한 방식이 줄어들고 소비자 보조 방식이 늘어나고 있다. 소비자 보조 방식은 임대료 보조, 바우처 등의 형식으로 지원하는 방식이다. 이런 형태를 통해 임대료를 통제하고 규제하고 있다. 많은 사람들이 임대료 규제나 통제가 불가능하다고 이야기하지만 뉴욕에서도 임대료 규제가 시행되고 있다. 물론, 모든 민간임대주택에서 시행되는 것은 아니지만 일정 조건과 상황이 맞으면 임대료 규제와 통제의 대상이 될 수 있다. 영국과 독일도 마찬가지다. 주택 제도에 문제가 있거나 임대료가 급격하게 증가하는 경우, 임대료를 규제하고 있다. 아직까지 우리나라는 임대료를 통제, 규제한 사례가 없다.

주거복지 서비스의 현재

최근 1인 가구가 급속하게 증가하는 추세다. 우리 사회에서 1인 가구의 비중이 과거의 3~4인 가구의 비중과 비슷해지고 있다. 그 속내를 들여다보면 1인 가구 중에서도 소위 주거빈곤층에 속하는 1인가구가 많을 뿐만 아니라 이로 인해 청년주거빈곤률이 지속적으로 증가하고 있다고 한다. 서울에 사는 청년 3명 중 1명은 주거빈곤층에 속한다는 자료도 있다.

또 고령화도 심각한 문제다. 대한민국은 OECD 가입국가 중 노인 빈곤률이 가장 높은 나라로 손꼽힌다. 특히 도시의 노인 빈곤률이 심각한 수준인데, 이뿐만 아니라 주거를 둘러싸고 있는 여러 환경이 상당히 열악하다. 전·월세가 급격히 오르고 있고, 공동체 의식도 희박해지고 있다.

더불어 서울의 주거현황을 살펴보면, 임차가구의 월 소득 대비 주택임대료 비율(RIR, Rent to Income Ratio)이 국내에서 1위를 차지하고 있다. 또한 평균 도시근로자 연소득 대비 주택가격(PIR, Price Income Ratio) 또한 높고 주거비 부담으로 서울을 떠나는 사람이 증가하고 있다. 자가 보유율도 점점 낮아지고 있고, 주택 이

소득분위별 임차가구의 월 평균소득 대비 주거비 부담(RIR)의 변화 (단위: %)

구분	2010년	2011년	2012년	2013년	2014년	2015년	2016년
소득1분위	55.6	56.6	54.7	50.8	54.4	43.5	51.1
소득2분위	23.3	25.5	27.2	26.9	27.2	27.6	28.1
소득3분위	19.7	20.3	21.3	22.4	22.3	22.3	24.1
소득4분위	16.6	17.7	18.3	19.3	20.4	19.5	19.8
소득5분위	15.2	15.5	16.6	17.5	17.8	18.3	19.6
전체	19.9	21	21.8	22.1	22.7	22.5	23.7

출처: 통계청, 해당연도, 가계동향조사

외의 거처에 사는 주거빈곤층이 지속적으로 증가하고 있다.

주택에 거주하는 가구 비중은 감소하고 주택 이외의 거처에 거주하는 가구는 증가한다. 실제로, 수도권의 절반 이상이 주택 이외의 거처에 거주한다. 비주택에 속하는 '고시원', '고시텔'의 핵심 거주층은 미혼 1인 청년층이다. 다양한 주거복지 정책에도 아직 만족할 만한 수준에 와있지 못하다는 것이 가장 큰 문제이다.

주거복지 서비스의 미래

결론적으로 우리나라 주거 정책의 패러다임이 변화해야 한다. 과거에는 무조건 공급에 치중하고 계층도 중요하지 않았다. 이제는 새로운 접근을 해야 한다. 대한민국의 과거 패턴을 이제는 주거권, 수혜자 중심으로 바꾸어 주거빈곤을 해소하면서 특정 계층을 지향하고, 지방정부가 중심이 되어 다양한 형태의 정책을 제공해야 한다.[5] 지방분권형 주거복지 체계가 확립된다는 것은 지방정부의 프로그램 권한과 책임이 확대되는 것이다. 현재 거의 모든 주거복지 정책이 중앙정부의 지휘 아래 실시되는데, 이를 지방정부에 맞게끔 시행해야 한다. 지방분권형 주거복지가 되기 위해 중요한 부분이다. 맞춤형이라고 하는 것은 특정 지역사회의 환경을 고려한 주거 서비스, 특정 가구 특성에 맞는 맞춤형 프로그램을 말한다. 서울시도 상당히 많은 맞춤형 서비스를 시도하고 있다. 이에 대해선 다음 장에서 세부적으로 다루기로 한다.

1. 웹페이지 링크(www.housingeurope.eu/resource-117/social-housing-in-europe)
2. 웹페이지 링크(internationalsocialhousing.org/2017/05/01/french-social-housing-in-a-nutshell/)
3. 이강훈, '공공임대주택 현실과 입주자 선정문제', 2019 서울주거복지포럼, 2019년 6월 26일 기조강연.
4. 이강훈, 이하 동일
5. 하성규, '주거복지 정책의 현재와 미래', 2019 서울주거복지포럼, 2019년 5월 29일 기조강연.

1-3

편안한 집을 위한 기본

한국 주거복지의 역사는 공공주택의 역사에서 찾아야 한다. 공공임대주택 정책이나 주거복지 정책은 대한주택공사가 만들어진 1960년대부터 진행되었고, 1970~1980년대까지 임대주택처럼 대량으로 주택공급이 이루어졌다. 이후 서울주택도시공사(SH공사)까지 참여하면서 약 30년 동안 서울 시내에 약 20만 호 정도의 주택을 공급했고, 한국토지주택공사(LH공사) 역시 주택을 공급하고 있다.

기존의 주거복지는 임대주택 공급을 통해 물리적으로 주거문제를 해결하고자 했다. 전환점을 맞이한 건 영구임대주택이 도입된 1989년이라 할 수 있다. 1990년대 이후 서울시는 복지 차원의 주거 정책에 다양화를 모색한다. 서울시는 주거급여를 실시하기 이전부터 주택 바우처 제도를 시행했고, 주거 취약계층을 위해 여러 사업을 진행했다. 30년이 지난 지금은 공기업뿐만 아니라 민간 주체도 공공성을 지닌 주택사업(사회주택)과 취약계층을 위한 주거지원 사업 등을 펼치고 있다.

주택에서 주거로

주택 관련 법령은 공공의 주택건설에 초점을 두었던 초기 법제에서 민간의 주택공급과 관리까지 점차 대상이 확장되었으며, 주택보급률이 100%를 상회함에 따라 주택의 관리와 주거복지로 무게 중심이 이동하고 있다. 이는 '주택'이라는 물리적 상품을 다루는 「주택법」에서 '주거'라는 비물리적 영역을 포괄하는 「주거기본법」으로 그 표현과 정책의 중심이 이동한 것으로 대표된다. 저출산 · 고령화, 1~2인 가구 증가 등 사회적 환경이 크게 변화하고 주택보급률이 100%를 초과함에 따라, 주택 정책의 패러다임이 '주택공급'에서 '주거복지'로 빠르게 전환되고 있다. 이에 따라 주택 정책도 주택공급 물량을 확대하는 정책에서 벗어나, 행복주택·주거급여

등 맞춤형 주거복지 정책으로 개편을 추진하고 있다.

2015년 서울시 조례를 통해 도입된 사회주택은 '사회경제적 약자를 위해 사회적 경제주체가 공급하는 주택'이라는 정의 아래, 주로 공공이 매입하는 토지를 저렴하게 제공하거나 리모델링 비용을 일부 지원하는 사업 형태로 등장했다. 2019년 10월까지 시흥시, 전주시, 부산시 중구 및 동구, 고양시, 부산광역시 등지에 관련 조례가 제정됐고 경기도에서도 제정 준비 중으로 보아 사회주택이 전국으로 확산되고 있다는 것을 알 수 있다. 중앙정부에서는 2017년 '주거복지 로드맵'에서 언급됐고, 이는 2018년 국토교통부의 '포용국가 건설에 이바지하는 사회주택 활성화 방안'으로 이어졌다.

주거복지 정책의 이동

건설과 공급 위주로 주거복지와 관리를 다루었던 「주택법」은 2015년 12월 개정되어 「주거기본법」, 「주거급여법」, 「주택도시기금법」, 「공동주택관리법」으로 분법되었다. 이후 주거 관련 정책에서 「주거기본법」이 최상위법으로서 역할을 하고 「주택법」은 주택의 건설과 공급, 투기억제 등 주택시장의 관리에 관한 기본법 역할로 축소되어 운영되고 있다. [1)]

주택 정책에서 기본법 역할을 했던 기존의 「주택법」은 주택 건설과 공급 관련 사항이 주요 내용이라 주거복지를 실현하기 위한 내용은 미흡했으며, 「임대주택법」, 「주거급여법」 등 주택 관련 다른 법률과의 관계도 명확하게 규정하지 못하고 있는 실정이었다.

이에 관련 법체계의 최상위법과 기본법적인 지위를 갖는 「주거기본법」을 새로이 제정하여, 주거 정책의 기본방향이 물리적인 주택공급 확대로부터 주거복지 향상으로 전환되었음을 선언했다. 주거 정책의 기본원칙, 주거권, 유도주거기준, 주거복지지원센터, 주거복지 전문인력 양성 등에 대한 규정을 신설하는 한편, 기존의 「주택법」에서 규정하고 있는 주택종합계획, 주택정책심의위원회, 최저주거기준 등에 관한 조문을 보완하여 「주거기본법」으로 이관했다.

기본법은 여러 개의 관련 개별 법을 포괄적으로 규율함을 목적으로 한다. 「주거기본법」은 「주택법」, 「도시및주거환경정비법」, 「국민기초생활 보장법」, 「주택임대차보호법」, 「공공주택특별법」, 「민간임대주택특별법」 등에서 규율하고 있는 주거 정책에 관해 공통적인 사항을 말한다는 뜻이다. [2)]

「주거기본법」에서는 주거권이 기본적 인권임을 직접적으로 표명하고 주거 정책의 기본 원칙을 설정하고 있다. 주거권을 물리적 · 사회적 위험에서 벗어나 쾌적한 주거환경에서 인간다운 주거생활을 할 권리로 명확히 밝히고 국가 및 지자체가 국민의 주거권을 보장하기 위해 주거 정책 수립 시 반영해야 할 사항을 구체적으로 제시하였다. 또한 주거 관련 법제를 정비하며 제반의 주택 및 주거 관련 법에서 「주거기본법」이 상위법임을 규정하고, 다른 법률의 제·개정시 「주거기본법」 내용에 부합하도록 하였다. [3)]

「주거기본법」에서는 기존의 「주택법」과 동일하게 최소한의 주거기준에 대한 지표를 설정하고 최저주거기준에 미달된 가구에 대해 우선적으로 지원하도록 하고 있다. 최저주거기준 외에 국민의 주거수준 향상을 유도하기 위한 지표로 유도주거기준을 마련하여 공고하도록 했다. 지속적으로 확대 개편되고 있는 주거복지 정책에 대한 접근성을 높이기 위해 주거복지 전달체계 구축, 주거복지 전문인력 양성, 주거복지센터 설치 및 주거복지포털 구축에 대한 사항도 포함되어 있다.

한편 임대주택은 공공임대주택과 민간임대주택을 포괄하여 「임대주택법」으

주택 관련 법령의 제·개정

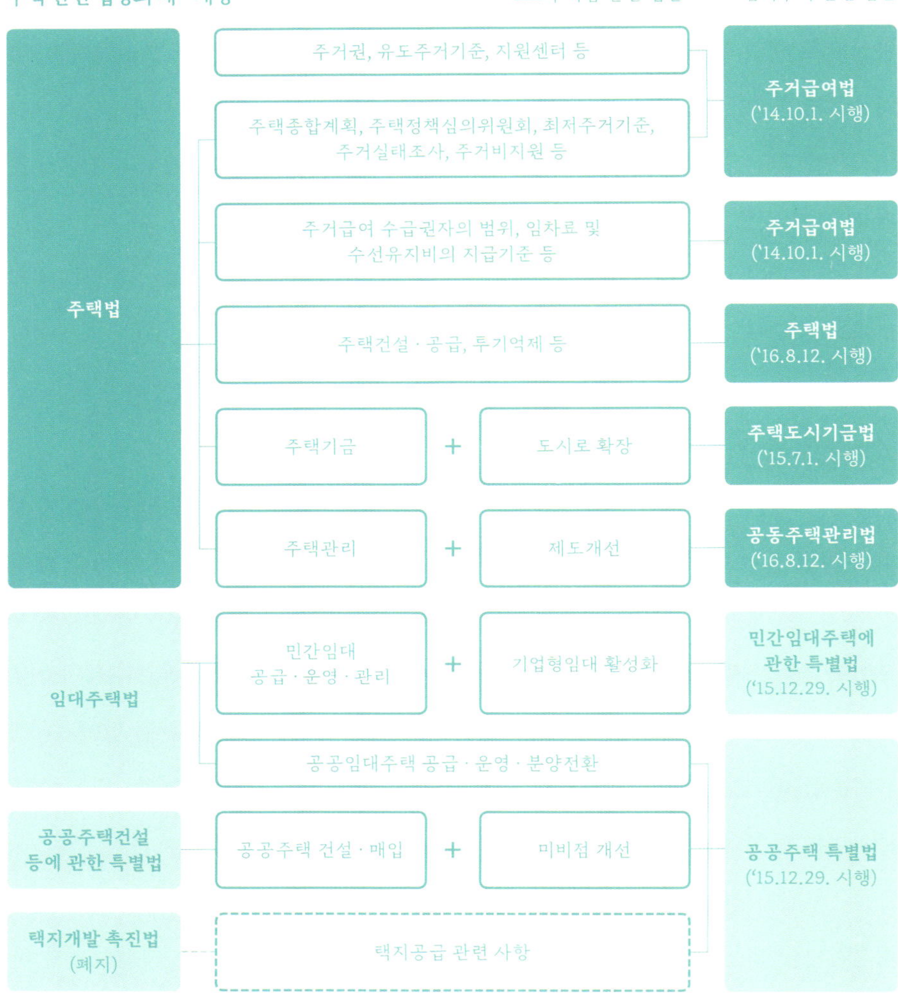

출처: 국토교통부 보도자료(2015년 8월 11일); 경기도(2016)

로 관리하고 공공임대주택의 효율적인 공급을 위해 「공공주택건설 등에 관한 특별법」을 별도로 운영하는 구조였다. 2015년 8월 '중산층 주거혁신 방안(1.13대책)'에 따라 민간임대주택의 활성화를 위해 기존 「임대주택법」을 「민간임대주택에 관한 특별법」으로 개편해 기업형임대주택 특례와 공급촉진지구 조항을 신설하고 민간임대에 대한 규제를 완화했다.[4] 「임대주택법」 중 공공사업자가 공급하는 공공임대주택 관련 사항은 「공공주택 특별법」으로 이관하고 기존의 「공공주택건설 등에 관한 특별법」과 「택지개발촉진법」의 내용을 「공공주택 특별법」으로 통합 제정했다.

주거기본의 흐름

공공에서의 주택공급을 위한 근거 법령으로 처음 제정된 법은 「공영주택법」이다. 지방자치단체와 대한주택공사가 중앙정부와 협조하여 공영주택을 공급할 것을 목적으로 1963년 11월 제정하였다. 이후 민간의 주택공급을 포괄하는 법령 제정의 필요성이 대두되며 1972년 12월 「공영주택법」이 폐지되고 「주택건설촉진법」이 제정되었다. 이 법을 통해 주택건설에 대한 종합계획을 수립하고 주택공급을 위한 자금조달 근거 등을 마련했고 경제개발5개년 계획 등을 통한 주택공급 목표를 달성했다.

공급이 중심이었던 「주택건설촉진법」으로 주택보급률 향상을 달성했으나 주거안정과 주거수준 향상에 대한 필요에 따라 2003년 「주택건설촉진법」을 「주택법」으로 전부 개정했다. 여전히 건설과 이에 대한 지원이 가장 중요한 내용을 구성하지만 주거수준의 향상과 적정한 관리가 중요한 자리를 차지하게 되었다. 또한, 복잡한 관련 법령체계를 정리하고 중앙의 권한을 지자체로 이양했다. 이처럼 「주택법」은 주택 관련 제도에 관한 기본법으로 역할을 수행했으나 일각에서는 하나의 법률에 포괄적 · 선언적 사항부터 세부적 · 기술적 사항에 이르기까지 너무 많은 내용을 규정하고 있어 국민들과 시장에서 요구하는 내용을 적시에 반영하지 못한다는 비판을 제기했다.

이에 따라 「주택법」에 있는 내용을 분리하여 분법을 추진하였다. 주거비 보조와 관련된 내용이 분리되어 「주거급여법」이 제정(2014. 10. 1. 시행)되었고, 국민주택기금 및 대한주택보증주식회사와 관련된 규정이 분리되어 「주택도시기금법」이 제정(2015. 7. 1. 시행)되었다. 주거복지에 관한 기본법으로서 「주거기본법」이 제정(2015. 12. 23. 시행)되었고, 공동주택의 체계적 관리를 위하여 「공동주택관리법」도 제정(2016. 8. 12. 시행)되었다. 기업형 임대주택 제도 도입 및 공공임대주택의 체계적 관리를 위하여 기존의 「임대주택법」 및 「공공주택건설 등에 관한 특별법」은 각각 「민간임대주택에 관한 특별법」(2015. 12. 29. 시행)으로 전부개정 및 「공공주택 특별법」(2015. 12. 29. 시행)으로 일부 개정하는 등 주택 정책 및 제도와 관련된 법률체계가 크게 개편되었다.

이에 따라 「주택법」은 주택의 건설 · 공급 및 주택시장의 관리에 관한 기본법으로서 기능할 수 있도록 전체적인 체계와 조문을 정비하는 한편, 현행 제도의 운영과정에서 나타난 일부 미비점을 개선 · 보완하기 위해 2016년 1월 전부 개정되었다.

법제의 개편 이후 「주택법」은 주택의 건설 · 공급 및 주택시장의 관리 등에 관한 사항에 한정되었다. 이에 크게는 주택건설, 주택공급, 리모델링으로 내용을 구분할 수 있다. 주택 건설 · 공급에는 주택시장 관리를 위한 분양가상한제, 투기과열지구 지정, 주택의 전매행위 등에 대한 사항이 포함된다. 리모델링은 별도의 장으로 구성됐고 리모델링 기본계획을 10년 단위로 수립하도록 규정했다.

공공주택을 위한 최소한

1963년 「공영주택법」 제정으로 저소득층 대상 분양 및 임대주택 공급을 위한 공공부문의 대지조성과 건설, 자금지원 방안에 대한 근거가 마련되었다. 이 법에 따라 지방자치단체나 대한주택공사는 정부로부터 대부 또는 보조를 받아 무주택자에게 저렴하게 공영주택을 임대 또는 분양할 수 있었다. 이를 통한 최초의 임대주택은 대한주택공사가 1971년 건설한 '1년 임대주택'으로 1년 후에는 분양전환되는 형태였으며 1980년까지 10년 동안 6만 4,947호가 공급되었다.[5)]

주택문제가 심각해지자 주택구입능력이 부족한 가구의 주거생활 안정을 도모하기 위해 장기임대주택 제도를 정착시키고자 1984년 「임대주택건설촉진법」을 제정하였고, 임대 의무기간이 20년 이상인 장기임대주택을 건설하기 시작했다. 공공부문의 임대주택건설 촉진이 주요 목적이었던 「임대주택건설촉진법」을 1993년 「임대주택법」으로 전면 개정하여 다양한 공공임대주택을 도입하는 한편 민간참여 활성화를 유도하고 임차가구의 보호를 위한 사항을 추가했다.

한편, 2003년 '서민 · 중산층 주거안정 지원대책(9.3)'을 통해 국민임대주택 100만 호 건설 등을 추진하며 「국민임대주택건설 등에 관한 특별조치법」을 별도 제정하였다. 이 법은 정권이 바뀌며 2008년에는 「보금자리주택건설 등에 관한 특별법」, 2014년에는 「공공주택건설 등에 관한 특별법」으로 개정되었다.

2015년, 공공주택 건설, 관리·운영 등의 체계적 추진과 소규모 개발 활성화 등을 위해 「공공주택건설 등에 관한 특별법」을 「공공주택 특별법」으로 개정했다. 이때 공공주택과 민간임대주택에 대한 사항을 통합하던 「임대주택법」 중 공공사업자가 공급하는 공공임대주택에 대한 항목, 분양전환, 입주자자격확인 조항은 「공공주택 특별법」으로 이관했다. 또한 기업형 주택임대사업 등 민간임대주택의 활성화를 위해 「임대주택법」은 「민간임대주택에 관한 특별법」으로 전부 개정했다. 이를 통해 임대주택의 공급주체에 따라 민간임대주택과 공공주택 관련 내용을 분리했다.[6] 즉 「공공주택 특별법」은 기존의 「공공주택건설 등에 관한 특별법」과 「임대주택법」 중 공공주택에 관한 항목을 통합한 법령이며, 여기에 「택지개발촉진법」을 폐지하며 택지공급에 관련된 사항을 이관받은 것이다.

「공공주택 특별법」에서는 준주택(기숙사, 주거용 오피스텔 등)도 공공준주택으로 공공주택에 포함되었다. 10년 단위 주거종합계획과 연계하여 5년마다 공공주택 공급 · 관리계획을 수립해야 하며, 계획을 수립하기 전에는 수요조사를 하고 관계기관 협의와 심의, 필요 시 지자체별로 계획을 수립할 수 있는 근거를 마련해야 한다. 또한 도시 내 소규모 주택지구 개발 활성화를 위해 지구지정과 지구계획 절차 간소화, 우선 지정 등을 가능하도록 개선하였다.

기존 「임대주택법」의 공공임대주택 관련 내용, 임대주택의 공급, 중복입주 확인, 금융정보 제공, 임대조건, 표준임대차계약서, 재계약 거절, 전대제한, 거주실태조사, 공공임대 관리, 매각제한, 분양전환 등의 내용이 들어가 있다. 또한 「택지개발촉진법」의 토지의 공급, 건축물 존치, 조성원가 공개, 택지 전매제한, 선수금 수령 등 공급과 관련된 내용을 포함하고 있다.[7]

민간임대주택에 관한 최소한

자가점유율의 하락 속에 임차가구는 증가하는 한편, 전월세 가격이 지속적인 상승을 이어가고 임대차 방식이 전세에서 월세로 빠르게 전환되는 기조가 이어졌다. 이로 인해 전월세시장에서 수급불균형 현상이 발생하고 임차인들의 주거비 부담이 증가하는 등 불안이 지속되자 문제의 완화를 위해 공공부문에 의한 공공임대주택 공급뿐 아니라 민간부문에 의한 민간임대주택 공급 확충의 필요성이 대두되었다.

저소득층과 중산층을 포괄하면서 장기간 안정적으로 거주할 수 있는 제도권 임대주택 재고를 확충하기에 기존 「임대주택법」은 공공주택을 중심으로 지원과 규제가 이루어져 있어 민간임대주택 사업을 활성화하기 위한 법제개편이 필요했다. 이에 「민간임대주택에 관한 특별법」으로 전부 개정하여 도시 · 건축 규제 완화 등 민간임대주택에 대한 지원을 강화하되, 공공부문의 자원을 활용하여 발생하는 민간의 개발이익을 환수하기 위한 근거를 마련하는 등 관련 제도를 보완했다.

「민간임대주택에 관한 특별법」에서는 민간임대주택 유형을 구분하고 임대사업자 및 주택임대 관리업자에 대해 규정하고 있다. 민간임대주택을 8년 이상 임대하는 '기업형임대주택', '준공공임대주택'과 4년 이상 임대하는 '단기임대주택'으로 분류하고, 임대사업자는 '기업형임대사업자'와 '일반형임대사업자'로 분류했다. 기존 「주택법」에서 규정하고 있던 주택임대관리업에 관한 사항을 이 법으로 이관하고, '자기관리형' 및 '위탁관리형'으로 구분했다.

국가 및 지방자치단체 등이 민간임대주택의 공급확대와 품질제고를 위해 주택도시기금 등의 재원을 우선 지원하고, 조세감면과 택지 우선 공급 등을 지원할 수 있는 규정이 포함되었다. 또한 임대사업자가 기업형임대주택이나 준공공임대주택을 건설할 때 용적률 · 건폐율 · 층수제한 완화, 판매시설 · 업무시설 허용 등의 혜택을 부여할 수 있도록 했다.

민간임대주택사업을 육성하기 위해 기존 「임대주택법」에서 규제하던 임차인 자격, 최초 임대료 제한, 분양전환 의무, 담보권 설정 제한 등을 폐지하고, 임대 의무기간과 임대료 상승률 제한만 존치했다.

공동주택 관리를 위한 최소한

공동주택관리와 관련된 최초의 법률은 1963년 제정된 「공영주택법」이라고 할 수 있다. 이 시기에는 아직 민간의 공동주택이 본격적으로 공급되기 이전이어서 저소득층을 위해 공급되는 공영주택의 관리에 관한 규정이 주를 이루었다. 이후 1972년 「주택건설촉진법」이 제정되면서 법적 근거를 마련하였고 1979년 주택관리의 기본규범이라 할 수 있는 공동주택관리령이 제정되면서 더욱 구체화된 체계를 갖추기 시작했다.

2003년 「주택건설촉진법」이 「주택법」으로 전면 개정되며 대통령령의 형식으로 있던 공동주택관리령상의 다수 규정들이 「주택법」 및 동법 시행령에 흡수·통합되었다. 이는 공동주택관리에 관한 규범이 기존의 시행령 수준을 넘어 법률의 단계로 격상되는 계기라 이해할 수 있다.[8]

국민의 약 70%가 공동주택에 거주하고, 관리비, 사용료, 장기수선충당금 등 공동주택 관리와 관련된 비용만도 연간 11조 6천억 원에 이르는 등 그 중요성은 점차 커졌다. 이에 따라 공동주택 관리를 전문적이고도 체계적으로 지원할 필요성이 제기되었다.

기존 「주택법」은 주택에 관한 건설과 공급, 관리, 자금 조달의 내용을 모두 포함하고 있어, 공동주택 관리를 체계적 · 효율적으로 지원하기에는 한계가 있기에 「주택법」 중 공동주택 관리와 관련된 내용만을 분리하면서 일부 운용상 미비점을 보완하는 내용으로 별도의 「공동주택관리법」이 제정되었다.

해당 법에서는 의무관리 대상 공동주택 입주자 등을 대상으로 공동주택을 자치관리하거나 위탁관리하도록 규정하고 있으며 이를 위한 관리규약 마련, 관리비 납부, 장기수선계획 및 장기수선충당금 적립, 설계도서의 보관과 시설 교체 보수 내용의 기록과 보관 등을 하도록 명시하고 있다. 증개축과 하자 담보 및 보수 등 건물의 안전을 위한 사항 규정이 있으며, 공동주택 관련 분쟁 증대에 따라 공동주택관리 분쟁조정위원회를 설립하여 운영토록 하고 있다. 또한, 전문성을 높이기 위해 주택관리업 등록, 관리주체 및 관리소장의 업무 규정, 관리사무소장으로 주택관리사를 배치하도록 하고 있다.

빈집 및 소규모주택 정비에 관한 최소한

저출산 · 고령화와 저성장 기조가 지속되고 전국 주택보급률이 100%를 초과함에 따라 다수의 대규모 정비 사업이 지연 · 중단되고 있다. 게다가 구도심 쇠퇴 등으로 빈집이 지속적으로 증가함에 따라 안전사고 위험, 범죄문제, 경관 및 주거환경 악화 등 사회문제가 발생하고 있는 상황이다.[9] 그러나 빈집에 대한 정의가 지방자치단체마다 다르고 빈집 실태조사나 정비계획 수립 등 빈집을 체계적으로 정비하기 위한 제도가 부재하여 추진에 한계가 나타나고 있다. 또한 「도시 및 주거환경정비법」은 대규모 정비 사업 위주로 주요 내용이 구성되어 있고, 가로주택정비 사업 등 소규모 정비 사업과 관련된 사항이 있어도 사업 활성화를 위한 지원규정은 미흡한 수준이다. 특히 저소득층의 60% 이상이 단독 · 다세대 주택에 거주하고 있다는 점에서 소규모주택 정비에 대한 공공의 다각적 지원이 요구되었다.

이에 「빈집 및 소규모주택 정비에 관한 특례법」을 새로이 제정하여 빈집의 체계적 정비를 위한 제도적 근거를 마련하고, 현행 「도시 및 주거환경정비법」에서 규정하고 있는 가로주택정비 사업 등을 이 법으로 이관하여 사업절차를 간소화했다. 또한 건축규제 완화, 임대주택 건설 등의 특례규정과 정비지원기구 지정, 임대관리 업무 지원, 기술지원 및 정보제공 등의 지원규정을 신설하여 사업이 활성화될 수 있도록 했다.

서울특별시 주거기본조례

서울시는 「주거기본법」이 시행되기 이전부터 「서울특별시 주거복지 기본조례」를 제정하여 운영해왔다. 그러던 중 기본법적인 지위를 갖는 「주거기본법」이 시행(2015. 12. 23.)됨에 따라 앞서 시행(2012. 12. 31.) 중이던 「서울특별시 주거복지 기본조례」에 상위법을 반영해 「서울특별시 주거복지 기본조례」로 개정했다.

조례를 통해 서울시민으로서의 주거권에 대해 누구나 물리적 · 사회적 위험으로부터 벗어나 쾌적하고 안정적인 주거환경에서 인간다운 주거생활을 할 권리를 가진다고 정의하며 주거 정책 및 사업을 적극적으로 추진 · 지원하고 이에 필요한 예산을 확보하도록 했다. 또한 「주거기본법」에 근거해 연도별 및 10년 단위 주거종합계획, 주거정책심의위원회 운영에 관한 사항, 주거복지센터의 구체적 설치 운영 방안에 대한 사항을 규정하고 있다.

1. 경기도(2016)
2. 이은기, 「주거기본법의 제정과 주거권, 그 함의」, 한국공법학회, 2016.
3. 이종아, '주거기본법 주요 내용 및 영향', KB금융지주 경영연구소, 2015.
4. '뉴스테이 3법 국회 법사위 통과', 국토교통부 보도자료, 2015년 8월 11일, 해당 웹사이트.
5. 경기도(2016)
6. 경기도(2016)
7. 김근용 외(2015); 봉인식 외(2016)
8. 김정인, '공동주택관리정책과 제도', 『현대공동주택관리론』, 박영사, 2014.
9. 박유나, '노후아파트 빈집실태와 문제점', 2017.

1-4

토론

오늘의 집과 내일의 집

좌장
김인제 의원(서울시의회 기획경제위원회)

토론자
송호재 전 주택정책과장(서울시)
서종균 주거복지처장(SH서울주택도시공사)
봉인식 공감도시연구실장(경기연구원)
한승욱 박사(전 부산발전연구원 연구위원, 현 HUG 주택도시보증공사 팀원)
하성규 원장(한국주택관리연구원, 중앙대학교 명예교수)
홍인옥 소장(도시사회연구소)

송호재_ 공공임대주택 정책이나 주거복지 정책은 대한주택공사가 만들어진 1960년대부터 진행되었고, 1970년~1980년대까지 대량으로 주택 공급이 이루어졌습니다. 이후 SH공사까지 참여하면서 약 30년 동안 서울 시내에 SH공사는 약 20만 호 정도의 주택을 공급했고 LH공사 역시 주택을 공급하고 있습니다. 기존의 주거복지는 임대주택 공급을 통해 물리적으로 주거 문제를 해결하고자 했는데, 1990년대 이후 서울시는 주도적 공급도 하지만 주거복지 차원의 주거정책을 진행해왔습니다. 서울시는 중앙정부가 주거급여를 실시하기 이전부터 주택바우처 제도를 시행했고, 주거취약계층을 위해 여러 사업을 진행했습니다. 현재도 중앙정부에서 시행하지 않았던 사회주택 공급과 취약계층을 위한 주거지원 사업 등을 진행하고 있습니다.

이처럼 서울시는 통합적 시행을 위해 힘쓰고 있습니다. 이런 사업을 통해 주택 공급과 더불어 서울형 주거복지 차원으로 접근하고 있습니다. 민간에게도 혜택이 돌아갈 수 있도록 공급정책을 추진하고 있는데 그 대표적인 것이 민간협력형 사회주택 사업입니다. 외국에서는 3P사업, 혹은 PPP사업(Public, Private, Partnership)이라고 이야기하는데, 이런 제도를 통해 주택공급뿐만 아니라 거주자의 주거복지 향상도 함께 실현될 수 있도록 공동체 생활이나 수요자를 위한 통합형 정책을 실시하고 있습니다.

이것이 조금 발전된 형태가 역세권 청년주택 사업입니다. 역세권 청년주택 사업은 공공에서 주도적으로 진행하지 않지만, 민간에 인센티브를 제공해 민간에서 임대주택 물량을 늘리고 그중 일부를 서울시가 공공주택으로 공급하면서 임대료 제한(연 5% 이내)이나 계층별로 입주할 수 있게 보증금 지원사업 등을 실시하는 사업입니다. 국가에서 민간임대주택특별법으로 제정해서 발전된 형태이기도 합니다.

하지만 이런 사업을 통해 지방자치단체에서 실현할 수 있는 주거복지를 모두 실현할 수 있는 건 아닙니다. 제한적인 사항도 있는데 공공임대주택 사업을 진행하지만 중앙에서 심사를 받아야 하고 주택바우처 제도를 시행하고 임차보증 사업을 진행하더라도 중앙정부와 협의를 진행해야 합니다. 말은 협의지만 사실상 승인이나 다름없습니다. 국가 기관인 금융위원회에서 지정한 소득수준이나 금리 등을 맞춰야 한다는 제약이 있습니다. 그렇기 때문에 서울시 독자적으로 진행하는 데에는 한계가 있습니다. 또, 주택공급 기준 같은 경우도 정부에서 지정한 새로운 사회문제에 대응해서 시행해야 하므로 많은 어려움이 있습니다. 이런 문제를 개선하기 위해 많은 사업을 진행하고 있습니다.

서울시의 주거복지나 주택 공급의 기본적인 방향은 첫 번째로 공급의 안정성입니다. 공급이 안정적으로 추진되어야 주거수요에 대응할 수 있기 때문에 안정적인 주택 공급을 위해 기존의 택지개발 공급방식뿐만 아니라 다양한 매입주택사업, 공공기업을 통해서 하는 사업을 통해 임대, 분양 주택사업이 시행되어야 합니다.

두 번째는 기대의 가능성이 있어야 합니다. 주거 소외계층이 어느 정도의 기간을 기다려야 주거서비스 혜택을 받고 주택에 입주할 수 있다는 가능성이 있어야 합니다. 임대주택 운영 과업을 진행하다 보면 임대주택에 입주하고자 하는 대기자 리스트를 만들어 이분들이 언제쯤 입주할 수 있다는 기대를 줍니다. 입주자에게 기대감을 높이는 일을 하는 것입니다.

세 번째는 부담 가능성입니다. 현재 임대주택 체계나 주거비 보조 지원체제는 소득수준이 아니라 주택에 그 초점이 맞춰져 있습니다. 입주하고자 하는 주택에 따라 소득이 높은 사람이 들어가거나 소득이 낮은 사람이 입주합니다. 이런 문제가 종합적으로 개선되기 위해서는 임대주택 비용 절감이 필요합니다. 현재 주거서비스를 다양하게 제공하고자 노력하고 있으며, 앞으로는 중앙정부의 권한을 받

송호재 서울시 전 주택정책과장

아 자치단체가 맡아 실행하는 것이 필요합니다. 하지만 중앙정부의 협력이나 협조를 배제한다는 것은 아닙니다. 중앙정부는 보조금을 지급하거나 인센티브를 지급해야 합니다. 정해진 역할 내에서 지방정부는 가질 수 있는 권한을 갖고 주거서비스를 시행하고자 한다는 것이 서울시의 기본 입장입니다.

김인제_ 서울시 주거정책에서 가장 중요한 부분을 실무적으로 실행하는 자리에서 나오는 여러 의견을 잘 말씀해 주셨습니다. 서울시 주택정책의 실무에서 가장 큰 역할을 하고 있는 SH서울주택도시공사의 서종균 주거복지처장의 이야기를 이어서 듣도록 하겠습니다.

서종균_ '주거정책을 지방화하지 않으면 어떻게 될 것인가?'하는 이야기를 하고자 합니다. 지방단체의 관계자분들은 중앙정부가 '잡고 있다'는 말에 공감할 것입니다. 중앙정부에는 '지방정부도 공공 임대 주택을 잘 할 수 있을까? 정말 고민을 하고 있을까?'라고 생각하시는 분들이 많습니다. 지방정부 공무원에게 물어보면 '공공임대주택사업까지 우리가 해야 해?'라고 생각하는 분들도 있습니다. 이런 문제로 설문을 해보면 적극적으로 잘해보겠다는 사람들보다 우리는 못 할 것 같다고 이야기하는 사람들이 많습니다. 그렇다면 이 사업을 하지 않으면 어떻게 될 것인지 고민해봐야 합니다. 지금처럼 중앙정부가 손에 잡고 있는 상태로 앞으로 가도 되는지 고민해야 합니다. 저는 그렇게 하면 안 된다고 생각하는 편입니다.

구체적으로 이해할 수 있는 몇 가지 문제를 고민해보고자 합니다. 재작년 대구의 희망원이라는 노숙인, 장애인 시설이 문을 닫은 사건이 있었습니다. 이후 거기에 계신 분들이 지역사회로 재정착해야 한다는 이야기가 나왔고, 지역사회에 정착할 수 있는 방법을 찾을 때 저에게도 연락이 왔었습니다. 서울에서 지원주택 사업을 하고 있으니, 그분들을 위해 지원 서비스가 가능한지, 머물 수 있는 주택이 있는지에 대한 문의였습니다. 대구시에는 주택이 없으니 LH(한국토지공사)에서 주택을 지원받아 주택사업을 하자는 이야기였습니다. 우리는 매입임대주택을 활용한다고 말씀드리니 결국 대구시는 이 사업을 진행하지 못했습니다. 결국, 대구시는 큰돈을 들여 주택을 구입했습니다.

서울시는 올해 같은 종류의 사업을 진행하고 있습니다. SH(서울주택도시공사)가 있기 때문입니다. 지방정부가 누구에게 임대주택을 줄 수 있는지 결정권이 있느냐 없느냐의 차이죠. 이런 결정권이 있으면 진짜 필요한 곳에 사용할 수 있는데, 결정권이 없으면 먼 산만 바라봐야 합니다. 공공임대주택에 살고 계신 할머님들과 이야기를 한 적이 있습니다. 그분들의 말씀이 "나도 노인이지만 우리 동네에 계속 노인이 들어온다"는 이야기를 하셨습니다. 그 공공임대주택단지에는 수급자가 60%, 장애인이 20% 이상이 들어와야 하기 때문입니다. 빈곤이 굉장히 집중된 동네입니다. 만약 주택정책이 주택만 주는 것이 아니라 동네까지 생각한다면 이런 정책을 계속하면 안 됩니다. SH는 지금 그걸 못하고 있습니다. 영구임대주택에 누가 들어오는가에 대한 기준을 매우 소상하게 중앙정부가 정해주기 때문입니다. 지방정부가 그 동네를 생각하면서 누구에게 이 주택을 주는 게 적당한지 고민할 기회조차 주지 않는 것입니다.

이런 것은 서울시의 문제이지만, 지방으로 가면 그 문제는 더욱 심각합니다. 어떤 지방은 작은 도시인데도 불구하고 도시재생 사업을 해야 한다고 합니다. 도심에서 인구가 계속 빠져나가기 때문입니다. 그런데 외곽은 택지개발로 인해 임대주택을 지어야 한다고 합니다. 외곽에 임대주택을 짓게 되면 도심지의 사람은 더 빠져나가게 됩니다. 이런 결정권은 지방 정부에 있어야 합니다. 외곽에 임대주택을 지을지, 도심에 저소득층을 위한 임대주택을 지어야 할지, 도시가 어떻게 변하는지 지방정부가 스스로 결정해야 하는데, 이 문제를 중앙정부에서 결정합니다. 임대주택공급을 확대하기 위해 외곽 택지개발을 중앙 정부가 결정한다는 것입니다. 지방정부가 저항할 수 있는 권한이 별로 없습니다. 이런 문제가 무척 많고 주거급여도 마찬가지입니다. 여전히 주거급여를 받는 사람 중에 문제를 가지고 있는 사람이 많습니다. 이러한 문제를 해결하기 위해서는 대상자에 대한 정보가 있어야 하고 이러한 정보를 바탕으로 분석을 하고 문제를 풀어야 합니다.

관계자들에게 문제 해결을 하기 위해 노력해보았냐고 물으니 해보지 않았다고 했습니다. 중앙정부가 권한을 갖고 있기 때문에 지방정부는 해결할 수 있는 여력이 없는 거죠. 할 수 있는 것이 없는 상황입니다. 서울시 같은 경우, 주거복지센터가 있으니 센터를 통해 일을 진행할 수 있습니다. 성동구의 경우, 상담을 가장 많이 받는 사람이 노인 독거 가구입니다. 그분들을 위한 대책을 마련해야 한다는 것이 문제라는 것을 성동구는 알고 있습니다. 급여 자체도 중요하지만 이런 활동을 하는 것 자체가 중요하다고 봅니다. 지방정부가 이러한 일을 해결하려면 결정권이 있어야 합니다. 임대주택을 누구에게 제공할 것인지 결정권이 있으면, 자원을 활용해 문제를 해결하기 위해 무엇을 할 수 있는지 정할 수 있습니다. 그런데 결정권이 없으면 관심도 없습니다. 지방 공무원이 소극적인 이유는 결정권이 없기 때문입니다.

서울시 입장에서 바라보고 이야기하자면, 서울시가 문제에 대한 책임이 제일 크다고 생각합니다. 중앙정부는 지방정부에 대해서 사실 소극적입니다. '권한을 달라고 하는 사람이 적극적이어야 하는가? 아니면 권한을 주는 사람이 적극적이어야 하는가?'권한을 달라고 하는 사람이 적극적이어야 한다고 생각합니다. 그러니까 서울시의 책임이 크다는 것이죠. 다른 지방정부는 달라고 이야기할 수도 없습니다. 권한을 달라고 이야기할 힘도 없고요. 다른 지방정부를 보면서 우리가 앞서가 있다고 이야기하면 안 됩니다. 우리가 이야기하지 않았기 때문에 현 상태가 유지되고 있습니다. 비난을 받더라도 서울시가 제일 앞서서 자기 소명을 다하면 조금 더 앞으로 나갈 수 있지 않겠냐고 기대합니다.

김인제_ 서종균 처장이 현장에 계신 많은 주거복지 대상자의 목소리를 반영하는 이야기 해 주셨습니다. 경기도와 부산에서 활동하고 계신 분들의 지방분권, 자치강화가 주거에 필요한지, 쇠락해가는 상황에서 지방정부가 주거복지의 영역까지 감당해야 하는지에 대한 고민과 이야기를 들어보도록 하겠습니다.

봉인식_ 이야기하신 두 분의 발제 내용에 무척 공감합니다. 저는 연구자로서 주거 분야의 지방분권을 계속 주장하고 있습니다. 굉장히 어려운 문제라고 생각합니다. 이 문제가 어려운 이유는 권한을 줄 사람이 생각이 없기 때문입니다. 한 편으로는 그 이유가 이해되기도 합니다. 산업이 발달한 1970년대 이후부터 주택공급을 많이

했는데, 그 이후부터 주택정책이 매번 대통령 공약으로 나오곤 합니다. 또, 당선 이후 그 공약을 지키기 위해 큰 노력을 해왔습니다. 그런데 그 과정에서 대통령은 지방정부보다는 바로 옆에 있는 수단을 쓰길 원합니다. 그래야만 집중력도 생기고 추진력이 생기기 때문입니다. 지금의 정부도 다르지 않다고 생각합니다. 이런 구조 속에서 지방정부가 자리 잡기는 굉장히 어려웠습니다. 앞서 이야기하셨듯이 지방 정부가 느꼈던 무관심함과 거부감, 부담감은 중앙 집권적인 시스템에서 나온 결과물이라고 생각합니다. 문제를 하루 아침에 뒤집는 것은 굉장히 어렵습니다. 자치분권을 위해 주택정책을 바꾸는 노력을 해야 하는데, 결국엔 그 역할은 중앙정부의 역할이라고 생각합니다. 오늘은 두 가지 정도를 말씀드리고자 합니다.

분권이 시작된 지 20년이 되었습니다. 20년을 기념해 이번 정부에서는 자치분권위원회라는 것을 만들었습니다. 자치분권위원회에서는 굉장히 높은 수준의 이야기를 계속하고 있습니다. 저는 거기서 조금 더 구체적으로 현장으로 내려와서 각 분야별로 지방에 더 성과적이고 효율적인 것이 무엇인지 정부 차원에서 고민해야

봉인식 경기연구원 공감도시연구실장

한다고 생각합니다. 소위 로드맵을 제시해 주길 바랍니다. 정부 차원에서 그런 노력을 해야 할 필요가 있습니다. 정부에서도 분권이 필요하다고 인정을 한다면 이런 노력이 필요합니다.

두 번째는 지방정부 차원에서 사실 계속 지방정부라는 말을 쓰는데, 지방정부라는 용어 자체가 부적합하다고 이야기하는 사람도 있습니다. 지역 정부나 소위 지방자치단체를 그만 쓰자는 의견도 있습니다. 지방자치단체라는 것은 중앙집권체제에서 나온 용어와 개념입니다. 연방제 국가는 이런 식의 표현을 쓰지 않습니다. 하지만 프랑스 같은 나라는 이런 표현을 씁니다. 이 개념부터 바꾸고 자신도 적합한 용어를 쓰고자 노력해야 합니다. 또, 이런 개념과 용어를 바탕으로 스스로가 할 수 있는 것을 찾아서 해야 한다고 생각합니다. 서울시는 열심히 하고 있습니다. 경기도도 열심히 하고 있습니다. 따복하우스 같은 것이 그 사례입니다.

그 이외에도 저소득층에 대한 전세보증금 융자지원 등 10여 개의 사업이 진행되고 있습니다. 경기도에 속한 31개 시도 역시 그들의 차원에서 큰 노력을 하고 있습니다. 이러한 역량을 키우면서 서로 연대할 필요가 있습니다. 개인의 생각일지 모르지만 서울시도 함께 옆을 보고 더 가진 사람들이 덜 가진 사람들을 생각하면서 같이 앞으로 나아가길 바랍니다. 서울, 인천, 경기가 함께 협력하여 나아가길 바랍니다. 조금 더 구체적으로 서울시 주택정책과장님, 인천 주택과장님, 경기 주택과장님이 자주 만나길 바랍니다. 공식적인 만남은 불편하지만 서로 만나는 기회가 많아졌으면 좋겠습니다. 의원들도 마찬가지입니다. 이런 만남의 기회가 많아진다면 교통 분야처럼 유기적으로 흘러가고 작동할 수 있습니다. 따로 구분해서 고민하고 정책을 시행하고 있는데, 더 유기적으로 만나고 이야기하는 제도적인 틀이 마련된다면 조금 더 다른 모습이 나올 수 있으리라 기대가 됩니다. 협의체, 강한 연대를 만들어 운영되길 바랍니다.

김인제 서울시의회 기획경제위원회 의원

김인제_ 제안하신 것처럼 수도권 주택정책 광역포럼 같은 것을 마련해 서울, 경기, 인천에 대한 주택정책을 함께 토론하는 것도 필요할 것 같습니다. 서울과 경기, 인천은 삶의 질과 주택 가격이 시민의 삶의 큰 부분이기 때문에 좋은 제안이라고 생각합니다. 서울시에서는 수도권 광역도시계획 포럼을 계속 진행하고 있습니다. 서울시와 17개 시, 도, 의회에서도 지방자치 TF를 운영하고 있습니다. 한 달에 한 번은 관련 공무원이 계속 토론을 하고 있습니다. 기회가 된다면 수도권 주택정책 광역포럼을 진행해서 문제를 논의할 수 있길 바랍니다.

한승욱_ 지방정부라는 이야기를 하면서 마치 지방에 있는 지자체가 강한 권한을 가지고 있는 것처럼 착시효과를 느끼게 합니다. 지자체가 가지고 있는 권한은 많지가 않습니다. 특히 예산 부분은 더욱더 그렇습니다. 작년 부산시 예산은 12조 원이었는데, 그중 지방비가 20%이고 국가에서 내려오는 돈이 80%였습니다. 이것은 다시 이야기하면 부산에서 어떤 일을 하고자 하면 재정의 80%를 국가에 의존하고 있다는 것입니다. 다목적성 사업으로 내려오기 때문이죠. 지자체가 주거복지에 대한 정책을 함에 있어서 재정부분에서 먼저 힘든 점을 마주하게 됩니다. 지방정부라는 용어를 사용하기 위해서는 제도적 권한과 더불어 지방 지자체가 가질 수 있는 부분을 확충해야 합니다. 그렇지 않으면 이 같은 문제를 풀어나가기가 어렵습니다.

저는 대구에서 대학을 졸업하고 9년 정도 있다가 이후에 부산으로 왔습니다. 부산에서도 약 9년 정도 머물고 있습니다. 계속 지방을 돌고 있습니다. 2012년에 부산에서 도시재생 사업을 할 때 서울에서 모 박사님이 국내 출장은 처음이라고 말씀하셨습니다. 국내에서는 도시재생으로 볼 사례가 없었다는 것입니다. 당시만 하더라도 서울이 대한민국이었기 때문입니다. 다시 말하면 서울이 가진 주거문제와 다른 지역이나 지방이 가지고 있는 성격과 성질, 해결 방법이 달랐다는 것입니다. 특

한승욱 박사, 전 부산발전연구원, 현 HUG주택도시보증공사 팀원

히 부산시의 경우 2030 계획을 수립하고 있습니다. 현재 통계청이 측정한 부산시의 최대인구가 360만 명이었는데, 최저치로 계산하면 280만 명입니다. 하지만 2030 계획의 계획인구는 410만 명으로 책정해 두었습니다. 계획인구와 실제 인구의 최저치 차이가 130만 명입니다. 얼마 전에 서울시 행사에서 만난 어떤 박사님께 왜 인구가 줄어드는지는 생각을 하지 않느냐고 물었더니, 서울시는 한 번도 인구가 줄어드는 경우에 대해서 생각을 한 적이 없다고 했습니다. 왜냐하면 경기도에서 서울로 들어오기 위한 대기인구가 충분히 있는 데다가 실질적인 감소 폭이 없었기 때문입니다. 그렇기 때문에 서울시가 가지고 있는 주택이나 주거에 대한 문제는 다른 지역과 다른 성격을 가지고 있습니다.

2010년 주택도시기금을 비교해보면 부산시는 1,600억 원, 대구시는 200억 원이 있을 때 서울시는 1조 원의 주택정비기금이 있다고 했습니다. 기본적으로 서울시는 그 정도의 재원과 조직이 있기 때문에 서울시는 이러한 논의, 주거복지의 필요성에 대응할 수 있습니다. 오늘 논의도 그렇고 주거라는 것을 주택으로 바라보고 있는데, 주환경과 주거환경 주체 운영 형성 과정에 대해 연구를 했었습니다. 1968년에 지역 주거환경을 정비하기 위한 계획이 세워졌고 이후 40년 동안 그 계획이 이어지고 있습니다. 지금까지도 50년째 그 계획은 이어지고 있습니다. 제가 있을 때만 하더라도 지역에 투입된 재원이 2,000억 원 정도였고, 계획단계 연구자 1명, 실행단계 연구자 1명, 그리고 이후 연구를 제가 진행했습니다. 지역의 커뮤니티 변화에 대한 연구를 3명의 연구자가 진행한 것입니다.

일본의 마을 만들기의 경우 1970년대에 시작했습니다. 이것은 공공주택만 공급하는 것이 아니라 그 안의 의료, 복지, 교육 등을 종합적으로 공급하는 것이었습니다. 결국 효과를 발휘함과 동시에 한계점을 노출하기도 했습니다. 물리적 환경이 정비되면서(주택 환경이 정비되면서) 그 지역이 가지고 있는 지역의 원래 산업이 약화되기 시작했습니다. 지역주민의 소득이 낮아졌습니다. 두 번째는 물리적 환경정비가 시작되면서 문제는 해소되었지만 지역의 문제 구조가 변화했습니다. 공공주택에 들어갈 수 있는 저소득층의 가구가 집중되었습니다. 소득이 높아지지 않는 이상 그곳에 정착할 수밖에 없는 것입니다. 이러한 문제가 생기면서 또 다른 문제를 해결하기 위한 지자체의 노력이 지금까지도 이어지고 있습니다. 이것은 단순히 서울이나 도쿄의 문제가 아닙니다.

우연히 지난달에 프랑스 리옹과 독일 베를린에 다녀왔습니다. 리옹의 경우 우리나라와 비슷한 문제가 있습니다. 외국인 노동자가 머물던 지역이 재개발되어 신혼부부가 들어가고 노동자는 다시 밀려나는 현상이 일어나고 있습니다. 베를린도 마찬가지입니다. 얼마 전에도 많은 사람들이 데모를 했습니다. 이 사람들은 민간이 가지고 있는 주택을 유상으로 몰수하라는 주장을 하고 있습니다. 독일 헌법 13조에는 토지나 자원 등의 생계 수단을 공유할 수 있도록 부합한 목적이 있으면 보상에 의해 공공재산으로 유상 몰수할 수 있다는 법이 있습니다. 주택을 헌법적으로 비용을 지불하고 몰수할 수 있다는 것입니다. 어떤 면에서는 우리나라 지자체에서 노력하고 있는 주거권 등의 문제를 헌법 관련 법령으로 권한을 인정해줄 때 지자체도 그 보조를 맞출 수 있으리라 생각합니다.

재정 문제를 어떻게 해결할 것인지, 서울시의 SH와 다르게 주택공급 주체가 없는 다른 지자체에 주택도시공사가 주택 부분을 공급할 수 있는 역량을 키워주고 재원을 마련해줘야 합니다. 그래야만 서울을 제외한 다른 지자체들이 한발 더 나아갈 수 있지 않을까 생각합니다.

김인제_ 말씀하신 내용 중에 주택 중심의 주거복지를 바라봐야 하는지, 사람의 주거 환경에서의 주거복지를 바라봐야 하는지에 대해 서울시와 지방은 주택보급 유형과 관리 유형이 다릅니다. 그렇기 때문에 지방자치 분권에서 논의해야 할 가장 주된 화두가 아니겠느냐고 생각합니다. 기본적으로 앞으로의 주거는 복지가 결합하여 있지 않으면 주거의 복지를 다룰 수 없다고 생각합니다. 사회복지를 공부하는 분들도 계시겠지만 서울시는 이와 관련해 복지와 결합한 주거복지를 시행하고 있습니다. 서울시에서는 다양한 수혜자를 위한 맞춤형 주거복지가 가능하지만, 부산이나 대구 등에서는 역세권 청년주택, 지원주택의 혜택을 받기 어렵다는 생각도 듭니다.

하성규_ 발표에 대한 구체적인 지적보다는 제가 미처 생각하지 못했던 제안이 나왔습니다. 앞서 송호재 과장이 서울형 민간협력 사회주택(PPP)에 대해 이야기했는데, 저도 적극적으로 지원하는 입장입니다. 사실은 PPP 사업으로 인해 공급된 주택의

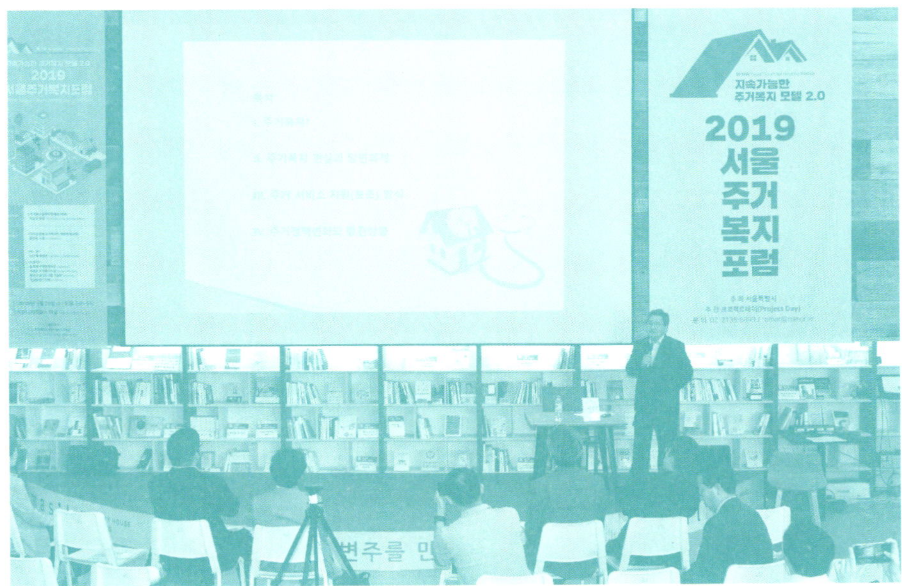

하성규 한국주택관리연구원 원장

수가 많지는 않습니다. 서울형이라고 하기에는 아직 초기 단계입니다. 앞으로 좀 더 많은 지원과 예산 편성, 제도적인 장치를 강화해야 한다고 생각합니다.

두 번째, 지방정부와 연대해야 한다는 부분에 대해서는 저도 굉장히 중요한 부분이라고 생각합니다. 특히 서울, 경기, 인천은 주거관점에서 바라볼 때 주도적이기보다 등 떠밀려 나간다고 볼 수 있습니다. 워낙 주택값이 비싸기 때문입니다. 그러나 직장은 서울에 있습니다. 그래서 장시간의 출퇴근 시간과 비용을 지불하고 있습니다. 몸은 경기도에 있지만 일자리는 서울에 있다는 이야기입니다. 주거문제라는 것은 서울지역의 문제가 아닙니다. 서울, 인천, 경기는 주거에 관해 특히 주거복지 프로그램을 서로 연대하고 네트워킹해야 하고 협력해야 합니다. 그렇지 않으면 굉장히 풀기 어려운 문제입니다.

서종균 처장님이 이야기한 것처럼 서울이나 지방정부에서 적극적으로 나서는 것이 필요합니다. 어느 세미나에서 왜 지방정부가 주거복지를 제대로 하지 못하냐는 질문을 받은 적이 있습니다. 지방 정부는 경험이 없기 때문입니다. 주거복지 프로그램을 운영하는 경험이 부족하고 지방정부 공무원의 전문성도 부족합니다. 그리고 예산이 부족하므로 지방정부는 별 수 없다는 것입니다. 그래서 중앙정부와 LH의 구조를 가지고 있다는 것입니다. 나는 이 의견에 굉장히 반대하는 입장입니다. 또, 이것은 굉장히 중앙정부적인 발상이라고 생각합니다. 소위 말하는 하향식이라는 것입니다. 설령 그렇다고 하더라도 이것에 대응할 수 있는 접근방식이 나올 수 있어야 한다고 생각합니다.

홍인옥_ 앞으로 자치분권형 주거복지가 나아가야 할 방향에 대해 많은 이야기를 해주셨습니다. 가장 중요한 것은 논의를 계속 이어가야 한다는 것입니다. 우리나라의 경우 쟁점이 되면 계속 논의가 진행되다가 어느 순간 다른 쪽으로 흘러가는 경우가 많습니다. 앞선 발표에서 자치분권의 필요성에 대해서는 굳이 언급하지 않았었는데, 그 필요성은 공감대가 형성되었을 때 필요하다는 것을 강조하고 싶습니다. 공감대는 논의를 통해 형성됩니다. 그렇기 때문에 이런 자리가 계속 이어져 가야 합니다. 이런 논의가 계속되길 바란다는 부탁의 말을 전하고 싶습니다.

2

청년을 위한 내일의 집

사회적 거리두기가 강화될수록 집에서 머무는 시간이 많아지고 방역을 위해서 집에서 머무는 활동이 강조되고 있는데, 이를 통해 주거 불평등이 극심해질 우려가 높기 때문이다. 실제로 집에 있는 시간이 많아지면 주거 면적에 대한 수요가 증가할 거고 주거 환경에 대한 질적인 개선에 대한 수요가 증가한다.

2-1

자치분권형 주거복지란?

국내 주택산업의 문제점

한국 사회는 1980년대 경제호황기 이후 1990년대 후반 IMF, 2000년대 후반 글로벌 금융위기, 최근 코로나 펜데믹 등을 거치면서 정치 · 사회 · 경제 부문의 양극화, 청년문제, 고령화 등이 중요한 사회문제로 대두되고 있다. 특히 앞서 언급된 사회문제가 관통하는 분야로 주거 이슈를 꼽을 수 있다. 저금리 기조가 유지되면서 중산층의 자산증식과 안정적인 노후에 대한 욕구는 주택시장을 과열시켰고, 주택시장의 과열은 주택가격 상승으로 이어졌다. 이로 인해 주택을 소유한 자(건물주/임대인)와 주택을 임차하려는 자(임차인/1인 가구, 청년, 신혼부부, 고령자 등 주거약자)의 사회적 갈등이 발생하고 있다. 주택시장의 과열은 비단 개개인의 투기 성향에만 기인하는 것보다 사회적 · 산업적으로 구조적인 문제에 뿌리를 두고 있다고 봐야하는 이유다.

1970년대에 시작된 고도 성장기에는 주택의 절대 공급량을 늘리는 것이 중요한 정책 목표였다. 이를 달성하기 위해 민간 건설사에게 많은 지원과 혜택이 돌아가면서 대형 건설사가 자연스럽게 시장의 주도권을 쥐게 됐다. 이들은 분양과 임대주택 시장에서 이익을 극대화할 수 있는 가격으로 주택을 공급하며 시장 가격이 지속적으로 상승하는 요인을 만들었다. 자산과 소득의 양극화가 확대되고 있는 사회현상의 이면에는 이러한 부동산 자산가치의 상승이 큰 역할을 했다. 이로 인해 시간이 갈수록 부의 양극화 현상은 심화된다.

또한 양적 성장에 방점을 둔 산업화로 인해 지역 · 마을 공동체가 빠른 속도로 해체되었다. 과거의 공동체는 심리적인 소속감과 연대감을 제공하는 집단 이상이었다. 실생활의 여러 층위에 걸쳐 상부상조하는 사회적 안전망과 같은 기능이었는데, 이런 공동체가 해체되거나 없어짐에 따라 사회적 안전망 자체가 약화되었다.

뿐만 아니라 이는 개인이 지역사회를 떠나고 거주지 이전을 쉽게 결정 내리게끔 하여 공동체의 해체를 더 가속화하는 악순환을 만들었다(김영철, 2019).

중앙정부 중심의 주거 정책의 한계

그동안 중앙정부 중심의 공급자 주도로 주택공급이 확대되며 양적 부족 현상이 전반적으로 완화되었지만, 자가보유율은 여전히 50% 후반에 머무르고 있고, 지난 10년간 주택매매 가격은 24.9% 상승하는 등 실수요자의 주거 안정성은 여전히 미흡한 상황이다. 또한 연소득 대비 주택가격(PIR)은 5.6배 수준이며, 저소득층의 경우 9.8배에 달하고 있어 특히 서민과 주거약자의 주거복지 분야는 개선이 필요하다.

이에 따라 지난 2017년 11월 29일 정부는 관계부처와 합동으로 사회통합형 주거사다리 구축을 위한 주거복지 로드맵을 발표했다. 핵심적인 내용은 다음과 같다.

과거 공급자 중심의 단편적 · 획일적 지원에서 수요자 중심의 종합적인 지원과 사회통합형 주거 정책으로 패러다임을 전환하는 것이다. 이를 위해 생애단계별 · 소득수준별 수요자 맞춤형 지원을 한다. 즉 주거수요를 반영한 맞춤형 임대주택과 주거지원 프로그램을 개인의 생애단계 진전에 맞추어 하나의 패키지로 지원한다는 것이다. 특히 저출산 · 고령화에 적극적으로 대응하기 위해 청년 · 신혼 · 고령 가구에 지원을 집중하여 주거사다리를 마련하고 무주택 서민과 실수요자를 위한 주택공급을 확대한다는 것이 주요 골자다.

구체적인 방법으로는 낮은 임대료로 장기간 거주 가능한 공공임대주택과 저렴한 가격으로 내 집 마련이 가능한 공공분양주택 등의 공급을 확대하고 초기임대료를 제한하거나 입주자격 규제 등 공공성을 강화한 3가지 민간임대주택(공공지원 주택)을 다양하게 공급한다는 전략이 있다.

특히 목표 달성을 위해 '공공지원 민간임대주택 연 4만 호(총 20만 호)', '공공분양주택 연 3만 호(총 15만 호)', '공공임대주택 연 13만 호(총 65만 호)' 등 정책을 내놓았다.

무주택 서민 실수요자를 위한 주택 100만 호 공급계획(주거복지 로드맵)

구분		공급물량
분양	공공분양	65만
임대	공공임대	15만
	임대공공지원민간임대	20만
합계		100만

여기에서 공공지원 민간임대의 공급물량이 20만 호에 이른다. 사회적 경제주체에 의한 '사회임대주택 공급 활성화 방안'인 것이다. 이는 그동안의 중앙정부와 한국토지주택공사(이하 LH공사) 중심의 체제에서 중앙-지방-민간의 협력적 거버넌스로의 전환, 즉 주거복지의 자치분권을 제안했다는 점에서 시사하는 바가 크다. 중앙정부와 지방정부, 그리고 민간과의 협력을 강화하며, 지방자치단체, 사회적 경제주체, 민간부문 등 다양한 주체들의 역량을 두루 활용하는 데 중점을 둔 것이다.

이러한 사회주택이 창출하는 사회적 가치는 사회통합, 주거사다리 구축과 같은 정부의 주거 정책 목표와도 부합하며, 나아가 현재 중앙정부가 중점적으로 추진하고 있는 도시재생, 생활 SOC 확충 등의 정책과도 상승효과를 낼 수 있는 방법이다.

그러나 아직까지 공급에 대한 구체적인 양적 목표를 제시하지 못한 한계도 있다. 실제 공급현황을 살펴보면 양적 · 질적으로 턱없이 부족하다. 현 정부는 공공지원 민간임대주택을 연 4만 호, 5년간 20만 호를 공급하는 것을 목표로 공시했지만 집권 이후 약 1년 동안 4차에 걸쳐 6,692세대 공급에 그치며 목표치에 크게 도달하지 못했다. 문제는 민간 영리 대기업 · 건설사가 이익을 극대화하는 경향이 일으키는 변화다. 공공이 지원하는 금리 · 택지 등 혜택(총사업비의 90~96%에 해당하는 재원이 기금 등을 통해 투입)에 비해 시세 대비 95% 임대료 책정, 20% 특별공급 등 현 기준은 아직까지 그에 준하는 공공성을 확보했다고 할 수 없는 수준이다. 이를 해결하기 위해 PSPP(Public-Social-Private-Partnership) 거버넌스의 도입으로 사회적 경제주체가 기획 · 시행을 하고, 전체적인 개발비용을 낮추어 더욱 저렴한 임대료와 장기임대의 발판을 마련하는 등 전체적인 사업구조를 개선 · 혁신할 필요가 있다.

지자체와 협력적 주거복지 거버넌스 구축

주거복지 로드맵에 따르면 주거복지를 위한 협력적 거버넌스를 구축하기 위해서는 민간뿐 아니라 지방정부의 역할을 강조한다는 것을 알 수 있다. 그동안 정부 관리의 사각지대에 놓인 순수 민간 임대차(사적 전월세) 시장을 투명하게 관리하고 임대인과 임차인의 균형 잡힌 권리관계를 만들며 임대보증금 보호수단도 강화해 협력적 주거복지 거버넌스를 구축한다는 내용이 바로 그것이다. 여기에서 주목할 만한 부분은 기초단체의 역할이다. 핵심 내용은 "지자체와 사회적 경제주체 등 민간의 역량을 최대한 활용할 수 있는 지원방안과 협력체계를 구축하고 주거지원이 수요자에게 효과적으로 전달될 수 있도록 전달체계를 확충한다. 또 LH공사의 역량을 서민 주거지원에 집중한다"는 것이다.

그러나 아직 지방정부의 역할은 입주자 선정절차를 강화하고 임대단지 내 복지시설을 설치할 수 있다는 정도만 언급되어 있다. 지역복지는 개별성이 굉장히 강하다. 개인의 여건에 따라 각각 필요한 상황이 다르기 때문에 지방정부가 이에 대한 대응을 할 수밖에 없고, 그러기 위해서는 당연히 앞장에서 언급한 복지분권이 필요하다. 보편적인 복지에 대한 보장은 중앙정부가 책임지지만, 지역정부는 지역자원을 활용해 지역주민의 욕구를 충족시켜야 한다. 지역의 문제를 가장 잘 알고 있는 곳은 지역이다. 자치분권형 주거복지의 대상과 범위를 논할 때 지방정부와 중앙정부의 역할분담을 고민해야 하는 이유다.

이양과 연계

2019년 5월 27일 '복지대타협특별위원회 준비위원회'가 발족되었다. 대표회장인 염태영 수원시장 · 전국시장 · 군수 · 구청장협의회장은 "지방정부의 현금성 복지정책이 경쟁적으로 이뤄지고, 중앙정부 사업에 매칭되는 비용이 기초정부의 압박으로 작용하고 있어 이를 조정하기 위해 머리를 맞대야 한다"며 "이를 통해 복지국가 체계를 성숙시키는 기회가 되어야 한다"고 설명했다. 근본적인 배경은 중앙과 지방의 역할분담이 아직까지 미흡하기 때문이다.

실질적인 복지분권을 실현하기 위해서는 '이양'과 '연계'가 필요하다. 복지사무의 이양과 연계를 위해서는 기초지자체의 여건 역시 강화되어야 한다. 가장 우선적으로는 지자체 여건의 면밀한 진단과 분석이 필요하다. 지역여건에 따라 당장 이행하기 힘든 사안이 분명히 있기 때문이다. 지방정부가 잘 할 수 있는 부분에는 복지분권이 이루어져야 하고 또, 중앙정부는 전체 국민의 복지를 개선하고 지방정부가 잘하고 있는지에 대한 평가를 해야 한다. 이때 지역의 현황과 편차를 고려해야 하는 것은 필수이다.

「주거복지 기본법」에는 국가와 지방자치단체가 주거권 실현을 위해 여러 가지 일을 해야 한다고 원론적으로 표시되어있지만, 각각의 역할에 대해서는 구체적으로 명시되어 있지 않다. 다만 「지방자치법」에서 지방자치의 사무 영역에 주민의 복지증진과 생활환경시설의 설치 · 관리에 관한 일이 포함되어 있기 때문에 이미 주거복지는 지방정부의 업무라고 할 수 있다. 「사회보장기본법」에서는 사회보장에 대한 국가와 지방자치단체의 책임 중 주거 부문에 대한 분담 내용이 명시되어 있지 않다. 앞으로 자치분권형 주거복지를 위해서는 법적인 책임을 질 수 있는 지방정부의 역할을 규정해야 할 필요가 있다고 말하는 이유다.

서울형 주거복지 정책 2.0

자치분권형 주거복지를 실현하기 위해서는 중앙정부가 가진 정책의 권한을 지방정부에 이양해야 하며, 제도 자체가 가지고 있는 특성이 있기 때문에 분야별로 특성에 따른 분류가 필요하다. 또, 기획이나 집행에 대한 관련 주체의 역할이 필요하고 재원조달이라는 측면에서도 고민해야 할 필요가 있다. 이를 주거복지 정책 2.0이라고 본다.

서울시의 경우 굉장히 적극적인 주거복지 정책을 펼치고 있는 반면 다른 지방정부는 상황이 다르다. 일부에선 지방정부의 역량부족, 무관심과 거부감 자체가 문제가 되기도 한다. 이는 주거문제라는 특성 때문이기도 하지만 자치분권형 주거복지를 위해서는 지방정부의 의지와 인식의 전환이 먼저 필요하다.

복지분권을 바라보는 상반된 입장도 고려해야 한다. 복지분권이 복지국가 발전에 기여할 것인지 아니면 장애요인이 될 것인지에 대한 각각의 시각이 존재한다. 자치분권에서의 복지는 자칫하면 재정 효율성에 문제를 일으킬 수 있다고 본다. 반대편에서는 관료제의 비효율성, 중앙집권제의 비효율성을 이야기하며 재정위기를 극복하는 방안의 일환이라는 입장도 있다.

이를 해결하기 위한 구체적인 방법으로 앞서 언급한 '민간협력형 사회주택 사업'을 꼽을 수 있다. 외국에서는 3P 사업, 혹은 PPP 사업(Public, Private, Partnership)이라고 이야기하는데 이런 제도를 통해 주택공급뿐 아니라 거주자의 주거복지도 함께 실현될 수 있도록 공동체 생활이나 소비자를 위한 통합형 정책을 실시하고 있다.

이것이 조금 더 발전된 형태가 '역세권 청년주택 사업'이다. 역세권 청년주택 사업은 공공에서 주도적으로 진행하지는 않지만, 민간에 인센티브를 제공해 임대주택 물량을 늘리고 그중 일부를 서울시가 공공주택으로 공급하면서 임대료 제한이나 계층별 보증금 지원 사업 등을 통합해서 실시하는 사업이다. 현재 국가에서

「민간임대주택 특별법」으로 제정해서 발전된 형태다.

하지만 이런 사업을 자치단체에서 오롯이 판단하고 실현할 수 있는 건 아니다. 공공임대주택 사업을 진행하려면 중앙에서 심사를 받아야 하고 바우처 제도를 시행하거나 임차보증금 사업을 진행하더라도 중앙정부와 협의해 진행해야 한다.

게다가 아직은 협의보다는 승인에 가깝다. 국가 기관인 금융위원회에서 지정한 소득수준이나 금리 등을 맞춰야 한다는 제약 역시 있다. 그렇기 때문에 서울시에서 독자적으로 진행하는 데에는 한계가 있다. 또, 주택공급 기준 같은 경우도 정부에서 지정한 새로운 사회문제에 대응해서 시행해야 하므로 많은 어려움이 있다.

이런 문제를 개선하기 위해 서울시는 방향성을 설정하고 많은 사업을 진행하고 있다. 방향성의 첫 번째는 공급 안정성이다. 공급이 안정적으로 추진되어야 주거 수요 대책이 늘어나기 때문에 기존의 택지공급 방식뿐 아니라 다양한 매입주택 사업, 공공기업을 통해서 임대나 분양 주택 사업을 시행한다.

두 번째는 기대 가능성이 있어야 한다. 주거소외계층이 어느 정도의 기간을 기다려야 혜택을 받고 입주할 수 있다는 가능성을 말한다. 일례로 입주 대기자 리스트를 만들어 입주자에게 기대감을 높이는 방법이 있겠다.

세 번째는 부담 가능성이다. 현재 임대주택 체계나 주거비 보조지원 체제는 소득수준이 아니라 주택에 초점이 맞춰져 있다. 입주하고자 하는 주택에 따라 소득이 높은 사람이 들어가거나 소득이 낮은 사람이 입주한다. 이런 문제가 종합적으로 개선되기 위해서는 전반적인 임대주택 비용절감이 필요하다.

현재 서울시에서는 주거 서비스를 다양하게 제공하고자 노력하고 있으며, 앞으로는 중앙정부의 권한을 받아 실행하는 것이 필요하다. 중앙정부는 보조금을 지급하거나 인센티브를 지급하는 방식으로 역할을 바꿔야 할 것이다.

제도적 보완

더불어 서울시와 지방은 주택보급 유형과 관리 유형이 다르다. 서울시에서는 다양한 수혜자를 위한 맞춤형 주거복지가 가능하지만, 부산이나 대구 등지에서는 역세권 청년주택, 지원주택의 혜택을 받기 어려운 한계도 있다. 특히 PPP의 경우 서울형이라고 하기에는 아직 초기 단계다. 앞으로 더욱 많은 지원과 예산 편성, 제도적인 장치를 강화해야 한다.

또한 지방정부와 연대해야 한다. 특히 서울 · 경기 · 인천은 주거 관점에서 바라볼 때 공동대응이 필요하다. 주거는 수도권에 있으면서 직장은 서울에 있는 경우가 많다. 그래서 오랜 출퇴근 시간과 비용을 지불하고 있다. 결론적으로 주거문제라는 것은 서울지역만의 문제가 아니다.

2-2

내일의 집을 위한 서울의 변화

우리나라의 주거복지 서비스 형태는 거주 시설 공급 중심 체계에서 출발했다. 예를 들어, 대표적인 주거 취약계층이라고 할 수 있는 노숙인에 대하여 주로 '격리와 시설 수용 방식'으로 대처하고 있다. 그러나 이는 정신질환이나 알코올중독이 있으면서 거리 노숙을 반복하는 '만성적 노숙인 감소'라는 정책 목표를 이루기에 한계가 있다. 또한 돌봄 서비스가 필요한 노인이나 장애인에 대해서도 이들이 '노숙하는 상황에 부닥치는 것을 예방하거나 종결'하려는 접근으로 주거 정책을 전개하고 있다.

이에 서울시는 탈시설화와 지역사회 독립생활 혹은 자립생활 지원이라는 새로운 패러다임에 대응할 수 있는 적절한 주거복지 정책을 준비하고 있다. 한 예로 공공영구임대주택 보급뿐만 아니라 어느 자치단체보다 먼저 주거급여 제도를 실천하고 있다. 또한 서울시는 지원주택 공급 기본계획에 따라 2022년까지 866호를 공급하겠다고 설정했다. 공공임대주택을 포함한 공적 주택의 일정 비율(10%)을 주거약자용 주택으로 공급하며 이 중 다시 30%를 서비스를 결합한 지원주택 용도로 공급한다는 내용이다. 즉 전체 공공임대주택의 3% 이상을 지원주택용으로 할당한 것이다.

지원주택

돌봄이 필요한 주거취약계층을 위해 물리적 공간인 '집', 그리고 이 공간에서 지역주민으로 통합되어 살아갈 수 있도록 지원하는 '서비스'가 결합된 주거 형태를 지원주택이라고 부른다. 즉 지원주택이란 '지역사회 생활 유지 서비스가 결합된 저렴한 영구주택'이라 할 수 있다. 쉽게 표현하면 '서비스가 붙은 집[1)]'이라고 말할 수 있다. 지원주택 대상자 조건은 '지원서비스가 결합되면 지역사회에서 독립생활이 가능한 자'이며, 주택의 조건은 '공공이 제공하며 저렴하면서 장기간 거주가 가능'해야 한다. 기존의 돌봄서비스 체계로는 홀로 지역사회 거주가 어렵기 때문에 맞춤형 지원서비스가 결합된 지원주택에 대한 욕구는 계속 현장에 나타나고 있다.

2017년 기준 우리나라에서 장애인거주시설에 있는 신체적, 지적 · 발달장애인 수는 2만 5,789명이다[2]. 이 중 90% 이상이 지적 · 발달장애인이다. 서울시의 경우 2018년 기준으로 장애인거주시설에 있는 신체적, 지적 · 발달장애인 수는 1,699명이고[3], 이 역시 90% 이상이 지적 · 발달장애인이다. 관내 정신의료기관이나 정신요양시설 등 정신건강증진시설에 장기 입원(소)한 정신장애인 수는 1,879명[4]이다. 이 중 66.2%는 지역 내 지원이 부족하여 타의로 입원한 사람들이다. 한편 정신병원이나 정신요양시설과 같은 정신건강증진시설, 지역사회 전환시설, 공동생활가정 등에서 거주하는 사람들의 51.8%가 퇴소 이후 주거생활이 불안정하여 지원주택이 필요한 것으로 나타났다. 그러나 2003년 이후 전체 주택 공급량 중 장애인 가구에 공급된 물량은 1~3% 수준에 머물고 있다.[5] 더구나 주거약자는 경제적으로도 어려워서 지역 내에서 안정적 주거를 구하고 유지하는 것이 매우 어려운 실정이다. 서울시는 이러한 현장의 어려움을 해소하고 주거취약자의 안정적인 주거 유지를 위하여 2016년부터 지원주택 시범사업을 시행했다. 그리고 전국 최초로 지원주택에 관한 조례를 제정하여 제도적 기반을 구축했다.

서울시 지원주택 조례 제정의 의의

주거지원 서비스 내용을 포함한 서울특별시 「지원주택 공급 및 운영에 관한 조례(이하 지원주택 조례)」가 2018년 5월 3일 공포됐다. 지원주택에 관한 최초의 제도 수립 노력으로 지원주택 공급과 운영에 관한 직접적인 법적 근거를 마련했다는 의미가 있다. 주거상황이 극히 취약하거나 적절한 주거를 영위하지 못할 어려움에 처한 사람에게 안정된 주택을 제공하면서 동시에 독립생활을 위한 지원 서비스도 함께 제공하는 지원주택 모델 도입이 가능해진 것이다.

제1조: 지원주택의 의미를 제시함.

제3조: 지원주택의 입주 대상자를 노인, 장애인, 노숙인, 정신질환자 등으로 규정하여 기존의 주거약자의 대상 범위를 넓힘.

제3조 및 제4조: 지원주택의 입주대상자 선정기준과 절차, 서비스 제공기관에 대한 지원을 명시하여, 공동생활가정에 준해서 공급할 수밖에 없었던 기존 지원주택 시범사업의 한계를 벗어나도록 함.

제6조: 지원주택 공급을 위한 기본 계획을 5년마다 수립하도록 명시하여 지원주택 공급의 합리적 계획 설계의 근거를 마련함.

제12조~제19조: 지원주택 운영위원회를 설치하도록 해 지원주택이 체계적이고 합리적으로 운영될 수 있는 기제를 제시함.

서울시 「지원주택 조례」는 무엇보다도 지원주택 정책의 제도화를 위한 최초의 법적 기반이 마련되었다는 점에서 주거복지정책에 중요한 의미가 있다.[6] 공급자 위주의 이분법적 전달체계를 극복하는 계기를 마련했고 주택에서 서비스를 제공할 수 있어 거주자의 독립생활 가능성을 열어주었다. 다시 말해 돌봄이 필요한 주거약자에 대하여 별도의 시설 보호 방식이 아닌 지역에 거주하면서 서비스를 받을 수 있는 패러다임의 전환을 가져왔다.

오늘까지도 지원주택을 제도화하기 위한 노력이 이어지고 있다. 대표적으로

2018년 지원주택제도화 추진위원회가 발족되어 지원주택을 법제화하는 움직임이 있다. 이들은 처음에 지원주택의 특성이 주택과 서비스 결합이란 복합적 주거 모형임을 인식하고, 새로운 법률적 근거로서 '주거약자 지원 서비스 법률'안을 준비했다. 그러나 실행 과정에서 다양한 재가 서비스가 존재하고 '장애인 탈시설지원법'이 추진 중에 있으며, 각 대상별 복지 서비스가 중복되는 사례가 많다는 사실을 알았다. 이에 기존의 「장애인·고령자 등 주거약자 지원에 관한 법률(약칭 주거약자법)」에 주거약자 지원 서비스 내용을 포함하여 개정안을 제안했다.

지원주택의 전략

서울시는 2012년 '서울시민 복지기준1.0'을 선언하며 2014년부터 2018년까지 매해 20개 동씩 총 100개 동의 지원주택 공급계획(1,500억 원 소요예산 산정)을 발표했다. 다만, 실행에 어려움이 있어 2018년까지 총 51호의 시범사업만 이뤘다. 앞서 언급했듯이 2022년까지 866호를 공급해 전체 공공임대주택의 3% 이상을 지원주택용으로 할당하고자 한다. 그러나 여전히 현장에서는 지원주택의 욕구에 비하여 공급이 충분하지 않다는 목소리가 크다.

지원주택을 안정적으로 정착시킬 수 있는 제도적이고 체계적인 공급 전략이 필요하다. 이를 위해서는 첫째, 수요에 대한 과학적 추정이 필요하다. 현재 지원주택은 시범사업 형태로 운영되는 경우가 대부분이라 현장의 실질적인 수요에 충분하게 대응하지 못하고 있다. 이에 먼저 필요한 조치는 지원주택의 정확한 수요를 예측하는 것이다. 그러기 위해서는 지원주택의 개념, 지원주택에 포함되어야 할 주거취약계층의 범위와 규모 추산, 그리고 지원주택에 결합하여야 할 주거 유지 지원 서

지원주택 예시

구분	씨드하우스	알콜중독 노숙인 지원주택	퇴소 발달장애인 지원주택	정신장애인 독립지원주택
시작년도	2016	2016	2016	2018
운영기관	열린여성센터	비전트레이닝센터	해맑은 마음터, 누리홈	서울광역정신건강센터
입주자 특징	정신질환이나 알코올 의존 여성 노숙인	알콜의존 남성 노숙인	퇴소 발달장애인	기초생활수급자이면서 장애등급을 가진 정신질환자
주택 공급방식	SH소유 매입임대주택			
가구수	17가구	19가구	15명(8호)	8명(1호에 2명까지 거주, 현재 3명 입주)
호당 공급비용 및 방식/보증금	보증금 300만 원 (3년 거주 후 무상지원, 이랜드재단 지원)	보증금 300만 원 (이랜드재단 지원)	보증금 300만 원 (서울시 지원)	보증금 300만 원 (서울시 지원)
입주자 부담 월 임대료	월임대료 11~16만 원	월임대료 9~13만원, 매월자치회비+ 청소비 5,000원	월임대료 무료, 지원되는 주부식비 (191,625원/인/월), 간식비(500원/일/인), 피복비(10,000원/인/ 월) 이외에 주부식, 간식, 피복 구입에 필요 한 비용과 이·미용비, 교통비, 의료비, 문화오락비는 개인이 부담	월임대료 175,300~180,700원
입주기간	2년 계약, 연장 가능	2년 계약, 연장 가능	2년 계약	2년 계약, 연장 가능
지원서비스	생활지원(초기 정착 생활비, 초기생필품), 의료 및 정신의료지원, 입주민공동체 모임, 대인관계 및 정서지원, 지역사회연계		이사지원, 정착지원, 주택관리, 일상생활 지원(식사준비, 식사, 청소, 피복구입지원, 쇼핑), 금전관리지원, 출퇴근지원, 문화지원, 심리지원, 건강 및 의료지원, 탈시설- 자립지원, 교육, 취업 지원 등	일상생활지원 (가사포함), 금전관리 지원, 주택지원, 의료 및 정신의료지원, 사회기술, 구직지원, 지역사회연계

비스의 개념과 유형을 정리할 필요가 있다.

둘째 지원주택을 위한 법적·제도적 정비 방안이 필요하다. 지원주택에 대한 우리나라의 최초 법적 기반은 서울시의 「지원주택 조례」라고 할 수 있다. 중앙 정부보다 지자체에서 선례를 보이며 제도화 노력을 추진했는데 지자체라는 단위가 중앙 정부보다 비교적 정책 집행 속도가 빠르기 때문이다. 그러나 지자체의 노력만으로는 한계가 있다. 더구나 주택과 사회복지 서비스가 결합하는 지원주택의 특성상 주택 관련 행정부서와 서비스 관련 행정부서의 긴밀한 연계가 필요하다. 따라서 더욱 광범위한 제도적 기반을 마련하기 위하여 다양한 법적·행정적 문제를 검토하고 대안을 마련하는 일이 뒤따라야 한다. 그래야만 입주자의 특성과 욕구에 부합하는 유연한 서비스가 적절히 개발될 수 있다.

서울형 주택바우처

주거비용을 지원하는 정책은 대개 대학생이나 사회초년생 위주로 형성되어 있으나, 여전히 현장에는 주거비에 부담을 느끼는 가구가 많다. 전·월세 가격이 가파르게 오를 뿐만 아니라 임대주택 재고 부족으로 서민 주거의 불안은 가중되기 일쑤다. 이에 서울시에는 월세로 거주하는 주거취약계층의 주거 부담을 최소화하고 주거 안정을 도모하기 위해 시장방침 제237호에 따라 서울형 주택바우처 제도를 실행했다. 바우처(Voucher)란, 일정한 자격 기준이 되는 개인에게 특정한 재화 및 서비스에 대한 쿠폰이나 구매권을 지급하여 개인의 구매력을 보증하는 보조금이다. 그러나 서울형 주택바우처 제도는 초창기에 현금으로 지급되어 원래 의미에 부적합했다. 또한 월소득이 최저생계비의 120~150% 이하인 가구 중 사회 및 주거취약계층으로 제한되는데 그 특성이 혼재됨에 따라 형평성 문제도 있었다. 이에 2012년 10월까지 14회에 걸쳐 복지 분야 관련 전문가의 자문회의를 열고 일선 담당자 의견을 수렴했다. 또한 바우처 수혜 가구 실태조사(2회)와 대상자 설문조사 실시해 현장의 목소리를 들었다.

이 결과 바우처 제도를 서울시 임대료 보조제도로 전환했다. 이 제도의 법적 근거는 「서울특별시 사회복지기금조례 및 시행규칙」 제3장 주거 지원 계정자금의 대출 등에 따른 것이다. 민간의 (보증부) 월세 거주자 대상이란 사실은 기존과 같지만, 전세 전환가액을 7,000만 원으로 맞췄다. 지원조건도 법정 차상위가구로 하고, 최저생계비 150% 이하 가구로 조정했다. 지원유형을 바우처에서 임대료 보조 방식으로 바꿨고, 가구원 수에 따라 지급금액도 세분화 했다.[7)] 이후 2016년과 2017년 세부적인 지원 대상과 방식을 변경하며 지금까지 제도를 유지하고 있는데 매년 집행금액이 증가하는 추세다.

표2. 연도별 추진실적

구분	2018년	2017년	2016년
지원가구	6,975	10,270	10,030
집행액(백만 원)	6,564	6,659	5,728

출처: 서울시 주택정책과(당해년 말 기준)

표3. 2019년도 서울형 주택 바우처 선정기준 중위소득

구분	1인 가구	2인 가구	3인 가구	4인 가구	5인 가구	6인 가구
기준 중위소득 60%	1,024,205	1,743,917	2,256,019	2,768,122	3,280,224	3,792,326

이렇게 변경된 서울형 주택 임대료 보조지원 정책을 서울형 주택바우처 제도라고 부른다. 이 지원을 받기 위한 조건으로는 소득인정액이 중위소득 60% 이하인 가구이면서 공공임대주택이 아닌 보증부 월세로 주택에 거주하고 해당 주택의 전세전환가액[8)]이 9,500만 원 이하라면 신청할 수 있다. 2019년 7월부터 제도가 변경됐는데, 지원금액도 증가해서 1인 가구는 50,000원, 2인 가구는 55,000원, 3인 가구는 60,000원, 4인 가구는 65,000원, 5인 가구는 70,000원, 6인 가구 이상은 75,000원을 받는다.

또한 그동안 임대주택(월세)에 사는 사람들을 대상으로 지원했던 것을 고시원에 거주하는 사람들도 지원하기로 확대했다. 주거 사각지대인 고시원 거주자도 조금이나마 주거비 부담을 덜 수 있게 된 것이다. 예를 들어 중위소득 60% 이하의 소득(약 102만 원)을 받는 고시원 거주자라면 매달 5만 원씩 월 임대료를 보조받을 수 있다. 제출서류 중 주택 임대차 계약서는 고시원 입실확인서로 대체할 수 있다. 이에 따라 약 1만 1,154가구가 혜택받을 것으로 예상하고, 전체 지원 기금도 50억 원 규모에서 100억 원 규모로 대폭 커졌다.

1. 염형국·김도희, '주거복지의 대안, 지원주택의 법제화를 위하여', 2018.
2. 서해정·이선화, '장애인거주시설 소규모화 실태 및 정책방안 연구', 2018.
3. 서울시 장애인복지정책과, 2018.
4. 국립정신건강센터, 2018.
5. 홍선미 외, 2010, 박주홍, 2017, 재인용.
6. 남기철, '주거복지 새 모델', 서울시 지원주택 제도 도입을 위한 토론회, 2018.
7. 1인가구: 43,000원, 2인가구: 47,500원, 3인가구: 52,000원, 4인가구: 58,500원, 5인가구: 65,000원, 6인 이상 가구 : 72,500원, 서울정책아카이브.
8. 전세전환가액 = (월 임대료×75) + 임대보증금.

2-3

청년의 집을 위한 움직임

공급 확대보다 관리로

지금까지 서울시는 주택 공급률 100%와 같은 정량적 수치를 달성하는 것이 목표였기 때문에 공급에 치중했다. 반면 삶의 질과 관련해 입주자에 대한 관심은 부족했다. 공공임대주택은 구조적으로 관리 부분이 취약한데, 분양주택과 달리 임차인 대표자 회의도 없고, 관리와 운영을 서울도시주택공사(SH) 등에서 주도하다 보니 입주자 스스로 자신들이 사는 곳에 관한 관심이 적을 수밖에 없었다. 실제 다양한 연구에서도 지금까지의 공공임대주택 정책이 수요자의 선호를 반영한 질적·효율적 공급이 아닌 양적 공급 위주로 추진되어왔으며, 체계적 관리와 배분이 이루어지지 않고 있다고 지적했다.

먼저 공공임대주턱에서 관리가 중요해진 배경을 이해하려면 현재 우리나라 공공서비스의 공급방식을 살펴봐야 하는데, 크게 직영관리, 공공위탁관리 그리고 민간위탁 방식으로 나뉜다. 직영과 공공위탁은 정부에 의한 방식이고, 민간위탁은 민간기업에 의한 방식이다. 전자의 경우 서비스의 공급 및 생산자가 모두 정부로서 직접 공급하는 방식은 직영 기업이 하고, 간접 방식은 공사나 공단을 설립해 관리한다. 후자는 공공부믄에 시행하던 공공서비스를 민간에 위탁해 소비 주체인 주민에게 제공하는 형태로, 경쟁을 통해 정부 대신 공공서비스를 제공할 민간업체를 선정하고 위탁계약을 체결해 민간업체가 서비스를 제공한다.

공동주택 관리 방식은 분양주택과 임대주택으로 구분하고, 입주자는 주택법 제43조의 규정에 해당하는 공동주택을 자치관리하거나 주택법 제53조에 따라 주택관리업자에게 위탁관리하도록 정한다. 임대주택은 일정 규모 이상에 대해 주택관리업자에게 위탁관리하는 것을 원칙으로 하되, 국가 · 지자체 · 한국토지주택공사(LH) 또는 지방공사의 경우에는 직영관리를 할 수 있도록 규정한다.[1] 임대주택

의 관리 방식은 직영관리, 위탁관리, 부분위탁관리(혼합관리)로 나뉜다.[2)]

직영관리는 효율성을 극대화하려는 동기부여가 되지 않고, 인건비가 필요 이상 상승하는 등 관리 비용이 늘어난다. 또한 서울시의 직접적인 통제를 받기 때문에 자주적이고 탄력적으로 조직을 운영하는 데 영향을 미친다. 이런 통제와 정치적 고려가 비효율성의 원인으로 작용할 소지가 크고 상대적으로 잦은 인사 이동 탓에 전문성과 계속성을 확보하기가 어렵다. 또한 사용자와 관리원 노동조합 간 노사문제가 발생할 가능성이 크고, 임금협상 등이 잘 안 될 때는 노사관계가 원만치 않아 많은 문제점이 발생할 수 있다.[3)]

위탁관리 방식은 민간 관리업체에 위탁하는 경우와 민간 비영리단체와 임차인이 공동으로 참여하는 경우가 있다(혼합관리). 민간 위탁관리는 공사가 민간업체를 대상으로 주택관리 위·수탁 협약을 맺어 주택관리 업무 전부 또는 일부를 외주 주는 방식으로, 공급 주체는 주로 임대사업자 업무를 수행하고 관리 업무는 전부 또는 선별적으로 민간위탁하여 관리사업비 절감과 관리서비스의 질적 개선을 도모할 수 있다. 이를 통해 주민 선택권 또는 주택관리의 자치성을 높여 커뮤니티 활성화를 기할 수 있다. 단점으로는 임대주택 입주자의 특성에 따른 임대료와 관리비 증가, 임대아파트 관리 사업의 영업성 부족, 임대사업자로서 관리 업무 수행의 어려움 등이 있다. 혼합관리의 문제점으로는 임대와 분양아파트의 관리주체가 이원화되어 있다는 점이다. 현행법상 한 개 동이나 한 개 단지 내 임대·분양주택이 혼재된 경우 통합적으로 직영관리하는 것이 장점은 많지만, 임대주택이 아닌 주택과 임대주택이 동일한 건축물 안에 있거나 동일한 주택단지를 구성한 경우 임대주택이 아닌 주택관리법에 따르게 되어 있어, 혼합단지 내 임대아파트 관리에 여러 관리상의 문제와 주민 간 갈등이 발생할 소지가 있다.[4)]

지금까지 서울시는 무주택 시민의 주거 문제를 해소하기 위해 임대주택의 공

서울하우징랩

급 확대에 중점을 두고 해마다 많은 양의 임대주택을 건설해왔다. 그 결과 2013년 340개 단지 14만 호에서 2020년엔 23만 호에 달했다. 이렇게 공공임대주택의 공급이 증가함에 따라 관리해야 할 임대주택도 해마다 늘어나 기존 인력과 조직으론 충분한 주거 서비스를 제공하기에 한계에 다다랐다. 주택관리업무를 수행하는 데 행정의 효율성을 높이고 관리비 절감을 통한 입주민 부담을 줄이겠다는 취지에 따라 관리 조직과 운영의 효율화를 시도했다. 먼저 2005년부터 강남에 소재하는 10개 단지 7,356호를 대상으로 시범적으로 '권역별 통합관리체계'를 도입하고 2007년부터 SH공사가 관리하는 서울 전역의 공공임대주택을 대상으로 전면 실시했다. 단지별로 파견되어 있던 관리직원 수를 줄이고 8개 권역으로 나누어 권역별로 통합관리센터를 설치했다. 직영으로 관리하던 방식을 위탁관리업체에 외주를 주고 일부 소규모 단지에 대해서만 직영관리를 하는 방식으로 바꿨다. 최근 서울시를 비롯한 지방자치단체에서는 부채 증가가 지방 재정에 큰 부담으로 작용함에 따라 경

영효율화 정책으로 재정위기를 벗어나기 위해 서울시나 SH공사가 직접 관리하는 직영관리보다는 위탁관리로의 전환을 꾀하고 있다. 그러나 관리의 효율성 측면에서만 접근하다 보면 형평성이나 주거 만족도는 하락할 수 있는 상황이다. 그뿐 아니라 입주민의 주거 만족도나 선호도와는 무관하게 단지 관리비용 절감을 위해 관리주체만의 판단에 따라 관리 방식이 결정될 수 있는 모순에 빠질 수 있다.

이에 따라 2013년부터 서울시는 임대주택의 물리적 환경뿐 아니라 '삶의 질'을 향상할 수 있는 입주자 커뮤니티 활성화 방안을 모색하기 되었기 때문이다. 자연스럽게 관리 방법 자체에 대한 문제가 이슈화됐다. 입주자 커뮤니티의 활성화뿐 아니라 교육도 중요해졌다. 이에 서울시는 2014년 본격적인 종합개선책을 발표하고 2015년 48개 과업을 실제로 평가했다. 그러나 여전히 관리 조직이 부족한 현실이다. 현재 시의 조직체계만 봐도 공동주택에 대해선 담당과가 별도로 구성돼 있지만, 공공임대는 임대문화팀 정도의 규모라 향후 관리와 운영에서 다양한 보완책과 정책이 필요하다.

위드 코로나 시대 공동체 관리

'위드 코로나 시대'를 살아가는 현재, 사회주택이나 공공임대주택에서 다른 사람들과 더불어 사는 것이 어떤 이점을 지니고 있는지 생각해볼 필요가 있다. 또한 다양한 세대와 계층의 사람들이 모여 살고 있는 만큼 현명한 소셜 믹스 방법도 고민해봐야 한다.

지금과 같은 '언택트' 사회에서는 커뮤니티 공간이나 활동 그 자체가 감염의 문제가 될 수 있기 때문에 물리적 커뮤니티 공간에만 집중하지 않고 지속성을 유지하며 연대를 높일 수 있는 프로그램과 활동과 같은 소프트웨어적 접근이 더욱 중요하다. 또한 빠르게 변화하는 주거 트렌드와 점차 다양해지는 입주자들의 요구에 맞춰 공동체의 '삶의 질'을 향상하기 위해서는 반대로 공동체 커뮤니티를 강화해야 하는 양면성도 지니고 있다. 단순히 커뮤니티가 모든 공동체 주택 문제의 근본적 해결책은 아니지만, 다양한 입주자의 요구를 만족시키며 그 안에서 유대관계를 형성해나갈 수 있는 좋은 방안 중 하나임은 분명하다. 누구와 어떤 가치를 중심으로 모일 것인지를 생각해보자. 이러한 고민을 토대로 다양한 공동체 주택의 유형을 만들고 공급 형태를 다양화하는 것이 커뮤니티를 형성하고 활성화하는 데 중요하다.

서울하우징랩 행사

구체적인 해결책을 위해 먼저 주택관리 측면에서 해외의 다양한 사례를 살펴보자.

영국은 주택관리의 모범 사례로 거론되는데, 일찍이 도시 노동자의 열악한 주거 환경을 개선하기 위해 주택관리의 중요성을 강조해왔고 주택정책으로 저소득층을 대상으로 공공주택을 집중적으로 건설하고 관리하는 데 주력해왔다. 영국의 주택관리는 전문적인 공공주택관리 형태를 취하고 있으며 주택정책이나 관리 방침을 단계적으로 운영하고 있다. 중앙정부에 주택법 집행을 총괄하는 기관으로 주택성이 있고, 상위 기관으로 중앙정책심의회, 그 하위기관으로 지방자치단체인 공인주택기관을 두어 주택법을 직접 수행하도록 한다. 또한 공인주택기관 내에 주택관리위원회를 두어 공동주택의 유지·관리에 관한 사항을 자율적으로 수행하도록 한다. 특히 공공임대주택에서 주거관리의 대상을 물리적 관리뿐 아니라 인적 관리까지 범위를 확대해 입주자가 적극적으로 참여할 수 있도록 한 것이 특징이다. 주택문제에 대해서도 최적 가치를 목표로 입주민들의 참여를 통해 문제를 해결하고자 노력한다. 이는 주택관리와 관련된 의사결정 과정에서 입주민의 목소리를 반영하는 것으로, 입주민은 공동주택에서 발생하는 각종 문제를 지자체에 건의할 수 있고, 지자체로서는 주택정책을 결정할 때 주민의 의견을 수렴할 수 있도록 하는 일종의 제도적 장치다. 주택관리에 관한 입주민의 참여로 빈집이 줄어들고, 임대료 체납이 감소하고 신속하고 효율적인 수선으로 건물 수명이 연장되는 효과가 있고, 또한 임차인 참여 프로그램을 통해 공동주택단지 내 입주민의 공동체 의식이 향상되고, 단지 내 환경 개선에도 큰 도움이 된 것으로 평가된다.[5)]

일본의 경우 저소득계층에 대한 주거 안정은 정부에서 담당하고, 중산층 이상의 주거 수요는 민간업체에서 담당해 공공부문과 민간부문의 역할을 명확하게 나누고 최저 주거 수준과 유도 주거 수준, 환경 수준 등에 관한 별도 기준을 마련해 이에 미달하는 가구에 대한 주거 질 향상을 중요한 정책 과제로 채택하고 있다. 서울시의 주택정책을 총괄하고 있는 주택국은 주택 관련 정책의 입안, 예산의 편성과 배분, 공급 계획 수립, 지방공공단체·주택 공단·주택공고 등의 하위 기관에 대한 지도·감독, 민간투자활동 촉진을 통한 주택공급 활성화 역할을 하고, 지방자치단체는 공영주택의 건설과 관리, 하위 기관인 시정촌과 지방주택공급공사에 대한 지도·감독을 담당한다. 시정촌은 공영주택의 건설과 관리, 지방주택공급공사의 지도·감독 등의 역할을 맡고 있다.

공영주택의 관리는 원칙적으로 지자체에서 하며, 지자체별로 관련 조례의 개정, 임대료 책정, 입주자 모집, 입주 자격 심사, 보증금과 임대료 징수, 장기 수선과 증축 공사 등에 대한 승인 등의 업무를 담당한다. 입주자 모집, 입주 자격 심사, 임대료 책정 등의 관리 업무는 관할 지자체 주택과에서 담당하며, 보수·수선 등 유지관리와 관련해서는 산하기관인 지방주택공급공사에서 담당한다. 중앙 공기업의 대표적인 기관으로 LH와 같은 도시기반정비공단이 있고, 지자체 산하기관으로 동경도주택공급공사나 오사카도주택공급공사 같은 주택공급공사가 있다. 현재 도시기반정비공단의 경우 관리 물량의 증가와 관리업무의 복합화 추세에 따라 관리업무를 대행할 별도의 법인인 '재단법인 주택관리협회'를 설립하여 관리업무를 위탁했으며, 현재는 건설과 택지개발 업무에 치중하고 있다.[6]

싱가포르의 주택관리 방식은 외관상으로는 사적자치에 의한 민간관리 방식으로 보이나, 실질적 의사결정기구의 책임자는 정부 관료가 임명되는 등 주택관리의 공적 개입이 가장 강력히 이루어지는 국가 중 하나다. 그러나 입주민의 자율적 관리를 상당 부분 보장함으로써 사적자치와 공적 개입이 적절히 조화를 이루고 거시적으로 주택정책에 관한 정부의 의사가 반영되는 체제다. 특히 관리조직의 상설화와 철저한 장기수선계획의 시행을 통해 선진화된 건축물 관리체제를 구축하면서도 관리 운영상 입주민의 다양한 의견을 반영하고 있다. 싱가포르는 국가개발부 산하 공공주택 기관인 주택개발청(HDB)가 1960년 설립되어 활발한 주택공급 정책을 펼쳤으며, 현재 싱가포르 전체 인구의 약 85%가 HDB 건설 주택에 거주한다. HDB는 폭발적으로 증가한 공공주택의 효율적 관리를 위해 주택관리 전담 기구인 HAD(주택관리부)를 설립했다. 전국의 23개 HAD 지점에는 주택관리 책임자와 부동산 책임자를 두어 주택의 유지·보수 업무, 주택자금 조달 업무, 주차장 관리 업무 등을 담당하고 있다. 국가 전역을 행정구역에 따라 커다란 구역별로 구획하여 관리하는데, 구역마다 '타운카운실(Town Council)'이라는 관리 기구를 두어 HDB 23개 지점과 유기적 관계를 유지하면서 주택단지 내 일반적인 관리 기능을 전담하고 있다. 또한 이 기구에는 GRO(Grass Root Organization)라는 주민 대표 조직을 두고, 지역 대표들로 구성된 주민위원회를 구성함으로써 입주민 의견을 청취해 관리에 반영하고, 주택관리에 대한 여론 형성 등을 통해 HDB와 입주민을 연결해주는 구심점 역할을 수행하고 있다.[7]

이와 같은 해외의 다양한 운영 구조뿐 아니라 구체적인 운영 사례를 들어보자. 오스트리아의 수도 빈에는 공동주택 '자르크파브리크(Sargfabrik, 관(棺) 또는 공장이라는 뜻)'이 있다. 건축가 프란츠 숨니치(Frantz Sumnitsch)가 일반적인 집이 아닌 현재 사회에 가장 필요한 주택을 만들기 위해 '따로 또 같이'라는 콘셉트로 설계해 7년에 걸쳐 완성한 공동체 주택이다. 공동체로서 삶에 필요한 요소를 정리하고, 그 내용을 기반으로 공유 공간을 개발한 것이다. 1층에는 커뮤니티 공간·카페·테라스·유치원을, 옥상에는 정원·텃밭을, 지하에는 공동 사우나·수영장·재즈 공연장까지 만들었다. 주민 협의체를 통해 차를 소유하지 않겠다는 입주민의 동의를 얻고 그 공간을 재즈 공연장으로 바꾼 것이다. 결국 지역에서 가장 유명한 재즈 공연장으로 많은 관람객이 찾는 공간이 되었다. 또한 집의 내부는 훗날 자녀가 늘어날

맹그로브 숭인

경우를 대비해 방을 추가할 수 있는 공간을 구성했으며, 집에 있는 테라스는 이웃과 소통 가능하게 만들었다. 1996년에 완공한 1호점에는 20년이 넘은 지금도 모든 입주자가 여전히 살고 있다는 점도 놀랍다.

국내에도 다양한 민간 운영 사례가 있다. 소셜벤처 지원 기관인 루트임팩트는 헤이그라운드와 디웰하우스를 운영한다. 디웰하우스의 '체인지메이커'는 사회적기업가나 소셜사업 종사자를 입주자로 들이고, 사회문제에 대해 혁신적인 방법으로 해결하려는 청년들이 모여 사는 공동체 주택이다. 특정한 목적을 가지고 철저하게 계획된 커뮤니티라기보다 일상생활에서 서로 만나고 싶을 때 만나고 피하고 싶을 때 피하면서 조성되는, 믿음을 기반으로 한 공동체 문화라는 생각으로 만든 것이다. 또한 소셜임팩트 투자사인 HGI의 자회사 MGRV에서 운영하는 맹그로브 사례가 있다. 종로구 숭인동 1호점은 커뮤니티 공간이 얼마나 있는지, 어떤 커뮤니티 공간을 만드는지보다 사용자의 심리에 먼저 접근해 실제 선택적으로 자신의 커뮤니티를 이용할 수 있도록 만든 사례다. 일반적으로 사용자들은 커뮤니티 자체는 원하지만 한편으론 스트레스를 받고 있어 눈치를 본다는 점에서 착안했다. 즉 '혼자 있고 싶지만, 외로운 건 싫어'라는 문제를 어떻게 공간에서 해결할지 고민하고, 그 해답으로 '짧지만 잦은 스침'을 제공하는 것이다. 커뮤니티 시설 하면 흔히 탁구대·당구대·레저홀 같은 하드웨어를 떠올리지만, 일상을 살아가는 입주자는 오히려 그런 이벤트 공간이 아닌 침실 밖이라든가 문을 나선 직후라든가 아니면 신발을 갈아 신는 신발장 근처에서 잠깐 스치고 눈을 마주치는 것을 훨씬 중요하게 여긴다. 맹그로브는 방을 작게 만드는 대신 내부에 수납장 또는 물건 보관을 위한 팬트리를 별도로 마련해 개인의 사물이 공용 공간에 나와 있게 설계했다. 이런 '우연한 스침'을 최대화하기 위해 주방 또한 식당과 마주 보게 배치하고, 주방 바닥을 약 30cm가량 낮춰 식사하는 사람과 음식을 준비하는 사람의 눈높이에 맞춰 1초라도 서로의 눈을 더 마주 볼 수 있도록 했다.

사회적기업 안테나에서 운영하는 아츠스테이는 커뮤니티의 개념을 조금 더 지역으로 넓힌 사례다. 현재 아츠스테이는 작가들을 위한 커뮤니티 하우스로, 입주자들이 작업을 전시하거나 직접 제작한 다양한 문화적 콘텐츠를 상업화할 수 있는 모델을 실험하는 공간으로 운영하고 있다. 하나의 공간에서 창작자들이 주거와 작업의 공간을 통해 각 공간에서 만들어지는 다양한 문화나 커뮤니티 프로그램이 지역사회와 결합하고, 그 결합을 중심으로 안정적 형태의 자생적인 도시재생 모델을 시도하는 것이다. 이를 위해 커뮤니티실로 만든 공간을 중심으로 운영하지 않고, 일반적인 공유 공간에서 일상생활을 통해 다양한 사람들과 만나고 부딪히면서 영감을 받을 수 있도록 디자인했다. 아츠스테이를 기획·운영 중인 나태흠 대표는 "커뮤니티는 당연히 부수적으로 따라오는 것이고, 이제 주거에 대한 부분에서 레지던스 형태로 더 다양한 형태의 서비스를 계속 확보하고 제공해야 한다"라고 말한다.

아츠스테이 영등포점

서울시, 직접 나서다

국내 공공임대주택관리 방식에 관해 다양한 연구가 있었다. 이미옥(2007)은 입주자에게 최대의 주거 만족도와 가치 상승을 가져다줄 수 있는 주거 환경을 조성하고 주택의 기능을 최대한 발휘하도록 하기 위해 관리 인력의 조직과 인사관리, 직무 배치, 교육 등에 대한 문제점과 개선 방안을 제시했다. 김선직(2013)은 공공임대주택의 관리 방식에 따른 주거 만족도와 선호도를 관리 서비스의 수요자인 입주자와 공급자인 관리 직원 양자의 측면에서 비교·분석했다. 관리 방식별 입주자의 주거 만족도와 관련해 관리운영 서비스, 주거 비용, 청소용역 서비스에 대해서는 위탁관리보다 직영관리에 대한 만족도가 높지만 시설물 유지관리 서비스, 경비원 서비스는 위탁관리에 대한 만족도가 높았다. 관리 직원들의 주택관리방식 선호도를 분석한 결과에서도 7개 항목 중 4개 부문에서 위탁관리보다 직영관리를 선호하는 것으로 나타나 전반적으로 직영관리에 대한 선호가 높은 것으로 분석했다.

기존의 연구에도 불구하고 지금까지 사안별로 개별적인 접근 방식으로 문제를 해결해온 것이 사실이다. 이에 따라 서울의 임대아파트를 전체적으로 '살고 싶은 복지공동체'로 만들어가겠다는 것을 큰 방향으로 설정했다. 그동안 임대아파트 정책이 공급에 초점이 맞춰지고, 이로 인해 임대주택에서 발생하는 다양한 문제가 임대주택사업자인 SH공사와 관련 부서에서 단발성 민원처럼 처리돼온 것에 대한 반성이다. 이에 서울시는 "임대주택이 어쩔 수 없어서 사는 곳이 아닌 이웃과 더불어 살고 싶어 하는 주거 공간으로 탈바꿈하는 첫걸음"이라고 강조하며 "공공임대단지 주민의 다양한 욕구에 맞춰 공공주거복지 서비스의 질을 높이고 장기적으로는 주민 스스로가 소속감과 책임감을 느끼고 지역 문제를 해결해나갈 수 있는 자생력을 지닌 복지공동체를 이뤄나갈 수 있도록 지원하겠다"라고 밝혔다.

2012년 서울시는 임대주택 입주민의 주거복지 개선을 위해 직접 나선다. 고덕 리엔파크와 청량리 한신아파트 가양5단지를 방문해 500여 명의 주민을 직접 만난 뒤 2013년 4월 '임대즈택종합대책' 수립을 발표했다. 이 대책을 통해 '참여마을', '활력마을', '자립마을' 구현을 목표로 13개 추진 과제와 47개 세부 실천 과제를 발표했다. 특히 기존에 SH공사가 담당하던 임대주택관리를 주택관리 전문 업체에 운영을 맡기거나 관리를 위탁하는 방식으로 전환했다. 또한 주민 참여를 위해 임차인 대표회의를 구성하고, 이들의 주택관리 참여 권한을 대폭 확대했다. 관리비 산정 등 중요 사항에 대해서는 임차인 대표와의 협의를 의무화하는, 당시 약 47%만 구성돼 있던 임차인 대표회의를 모든 단지에 구성될 수 있도록 교육 등의 지원을 강화한다는 골자다.

2014년 임대주택종합대책 2단계로 민관협력 추진체계를 정비했다. 먼저 SH공사·전문가·활동가 등의 참여를 조직화하고, 지속적인 혁신체제를 구축하고 정책 전문가 협의회·과제별 소위원회 운영, 사업 발굴 및 모니터링을 시행하고 SH공사를 주거복지 전문 기관으로 전환하고 시범단지를 선정하고 혼합단지 분쟁을 해결하는 등을 목표로 추진했다. 또한 임대주택 관리를 총괄하는 SH공사의 역량 강화에 집중하고 사업 발굴에 초점을 맞추고 3개 시범사업(시범단지, 시범위탁, 혼합단지)에 착수해 개선 모델을 도출하고, 47개 실행과제는 자체 추진하거나 성과 모니터링 후 개선 방안을 강구했다.

특히 가양4, 가양5단지는 일자리와 상가 시설 개선으로 단지 활성화 모델을 제시하고, 성산은 사회적 관심 집중 단지, 주거복지 표준모델을 구현했다. 2015년에는 임대주택단지 중심의 협업 체계를 정비하고 현장 활동가 협의회를 포럼으로 확대하는 등 현장 단위의 거버넌스 체계를 확충하고 기존에 진행한 3개 시범사업의 성과를 도출해 표준 개선모델을 제시 및 확산하며, 실행 과제의 사업별 분석과 부서 간 협업을 통해 기존 과제를 발전시키고 새로운 대안을 개발·시행하고 서울형 임대주택제도, 주택관리의 효율화 방안을 모색하는 등 지속 가능한 임대관리 모델을 제공하기 위한 로드맵이었다.

사회적 불평등 심화에 따른 대안

2013년 기준 서울 총주택 수의 5.6%인 20만여 호가 공공임대아파트로 이들의 82.3%가 월소득 150만 원 이하로 형편이 매우 어려워 공공의 주거 지원을 가장 필요로 하지만, 오히려 주민은 차별이나 고립을 느낀다는 조사가 있었다. 서울시는 2012년 제기된 5,550건의 민원 요구사항 전체를 면밀해 분석해 TF팀을 구성하고 관련 전문가와 마을활동가, 사회복지사, 관련 단체 등 연 200여 명이 제시한 다양한 의견을 검토했다. 이에 따르면 주민 민원 중 대다수인 86.9%가 복지 분야와 시설관리로 행정 지원이 얼마나 절실한지 파악했다. 구체적으로 가장 많이 제기된 민원은 급식과 의료, 경제적 지원, 일자리 요청과 같은 주거복지 관련 사항으로 전체 65.6%(3,695건)를 차지했다. 임대주택 하자와 관련된 민원 21.3%(1,182건), 임대주택 입주와 임대료 등과 관련된 민원 11.6%(642건), 그 외 임차인 대표회의 구성과 관리규약 등이었다. 서울시는 이런 현장의 문제에 귀 기울여 2013년 4월 '임대주택 종합대책'을 수립했다. 이에 따르면 영구임대주택 관리비를 최대 30%까지 낮추고 영구임대주택이 아닌 다른 임대주택(공공·재개발·국민)에 입주한 기초생활보장 수급자에게는 임대료를 영구임대와의 임대료 차액의 20%씩을 인하하는 내용이다. 그리고 영구임대주택에 신혼부부, 3자녀 가구 등 젊은 세대의 입주가 가능하도록 개선하고 주민들을 대상으로 맞춤형 밀착 돌봄 치료를 시행해 독거노인이나 장애인을 위한 복지 서비스도 강화하고 육아·안전 등과 관련한 문제는 마을공동체에서 풀어나가도록 지원한다고 밝혔다.

그러나 2020년 코로나19 시대의 위기가 심각해지면서 그동안 가려졌던 많은 문제점이 속속 드러나고 있다. 특히 주거문제에 대해선 취약계층이 더 큰 충격을 받을 수밖에 없다. 이는 '지옥고(지하방, 옥탑방, 고시원')로 표현되는 취약계층 주거가 구조적으로 코로나19에 취약한 '3밀 구조(밀접, 밀집, 밀폐)'이기 때문이다. 이런 상황에 노출된 취약계층의 주거복지와 사각지대를 발견하고 주택정책 차원에서 다시 재편할 것인지가 중요한 과제가 됐다. 더욱이 코로나19로 인해 '주거사다리'가 붕괴하고 결국 월세로 사는 사람들은 계속 월세로 살고 자가를 소유한 사람들은 자산 소유를 통해 극심한 양극화 현상이 발생했다.

먼저 냉철한 위기 진단이 필요하다. 2020년 상반기 WHO에서 팬데믹을 선언하자, UN 주거권특별보고관은 "코로나19 시대에 바이러스에 대응하기 위해서는 주거가 최후의 보루다"라는 선언을 했고 "적절한 주택에 접근하지 못한 것은 감염병 시대의 잠재적인 사형선고"라고 다소 극단적인 표현까지 했다. 2020년 10월 '세계 주거의 날'을 맞아 UN 산하의 해비타트 사무총장도 "집이라는 게 어느 시대에 어느 때나 중요했지만 지금 코로나19 시대에 집은 이제 생사를 가르는 문제가 되었으며 이런 위기의식을 전 세계가 공유해야 한다"라고 강조했다. 이런 언급의 배경을 살펴보자. 사회적 거리 두기가 강화될수록 집에서 머무는 시간이 많아지고 방역을 위해 집에서 머무는 활동이 강조되고 있는데, 이를 통해 주거 불평등이 극심해질 우려가 높기 때문이다. 실제로 집에 있는 시간이 많아지면 주거 면적에 대한 수요가 증가하는 것은 물론, 주거 환경에 대한 질적 개선에 대한 니즈 또한 증가한다. 실제로 다양한 2021년 트렌드를 자료에서는 '홈트레이닝'을 비롯해 집안에서 자연을 만나고 신선한 공기를 마실 수 있는 야외 공간과 테라스의 확대, 언택트 모임이나 업무를 할 수 있는 추가 공간 확충이 요구될 것으로 전망한다. 반면에 재택이 불가능한 사람들은 일자리와 소득이 감소하고 임대료가 연체되고 퇴거 위기에 몰리는 상황이 발생할 수 있다. 실제 코로나19 이후 취업 동향을 분석해보면 자영업자나 자영업 사업장의 종사자, 노동자, 일용직 노동자 그리고 청년 노동자의 실업률이 증가하고 일시 휴직자 또한 급증했음을 알 수 있다. 한국의 전·월세 인구는 750만 명 정도인데, 이 중 월세가 455만 가구이며 취약 직업군에 속하면서 월세에 거주하는 가구가 33만 가구다. 이들이 코로나19로 인한 실직에서 직접적으로 영향을 받는 것이다. 더 심각한 문제는 고시원이나 쪽방 등 정상적인 임대차계약이 이루어지지 않는 곳에 사는 취약계층까지 고려하면 더 많은 가구가 코로나19 이후 주거 위기에 내몰리고 있다고 볼 수 있다.

서울시는 이들을 위해 다각도로 해결책을 고민하고 있다. 먼저 다양한 형태의 공급을 확대할 필요가 있다. 경제위기에 상대적으로 더 취약한 여성이나 노인을 위한 '수요 맞춤형 공공임대주택'을 공급하고 있다. 2014년 구로구 천왕동에 지하 1층, 지상 9층 규모의 96세대 여성안심맞춤 주택을 공급한 이후 가양동에는 육아협동조합형, 동작구에는 모자안심주택을 공급했다. 시니어를 위한 맞춤형 주택도 있다. 금천구와 은평구엔 홀몸어르신주택을, 중랑구엔 신내의료안심주택을 공급했다. 서울시는 육체적 제약 등으로 독립 생활에 어려움을 겪는 노숙인, 장애인, 어르신 등에게 생활비 지원과 의료나 재활 같은 서비스를 함께 제공하는 새로운 유형의 공공임대주택을 공급한다. 이른바 '자립지원주택(지원주택)'으로, 크게는 사회복지서비스 지원, 의료 및 건강관리 지원, 취업 상담 및 자립 지원, 지역사회 연계를 통한 정착 지원 이렇게 4가지 부문에 지원한다. 이 외에도 일상생활 영위를 위한 식생활, 청결 유지를 비롯해 건강 문제나 기타 긴급 상황 발생 시 대처할 수 있도록 다양한 서비스를 제공한다. 지원주택은 크게 공공임대주택 입주와 주거생활 서비스가 동시에 이뤄지는 '공급형 지원주택', 거주하고 있는 집에서 주거 생활 서비스만 받을 수 있는 '비공급형 지원주택', 지역사회로 정착하기 전 자립 생활을 체험해볼 수 있는 중간 단계 주거 형태인 '자립생활주택' 등이 있다. 이 중 공급형 지원주택은 서울시가 전국 최초로 시작해 2019년 68호를 공급했다. 탈시설 장애인의 안정적인 지역사회 정착을 위해 2019년 기준 170호를 2022년까지 459호까지 공급할 계획이다. 구체적인 지원 내역을 보면 SH공사에서 공공임대주택을 제공하고, 서비스제 공기관이 가사(설거지·분리수거 등), 금전관리(은행업무 등), 투약관리 등 다양한 주거서비스를 제공한다. 입주 대상은 장애인 거주 시설 폐지로 자립 생활이 필요한 장애인과 독립 생활을 위한 주거서비스가 지속적으로 필요한 서울 거주 만 18세 이상 발달장애인이다. 장애인 지원주택은 현관·욕실 문턱 제거, 안전손잡이, 센서등 리

ⓒ류이진 / 제공: 이엠에이건축사사무소

가양동 협동조합형 공공주택 전경

모컨, 음성인식 가스차단기, 핸드레일 등 장애인 편의시설을 완비한 다세대주택이다. 현재 76호에서 128명이 거주 중인 자립생활주택도 추가 공급해 2022년까지 총 91호로 확대할 예정이다. 완전한 자립에 두려움이 있는 탈시설 장애인이 2년씩 최장 4년간 거주하며 자립 생활을 체험하고, 사회 적응 및 경험을 쌓을 수 있는 주택으로 지원 인력의 도움도 받을 수 있다. 지역사회 정착 전 중간 단계의 주거 형태이자, 시설과 지역사회 사이의 징검다리 역할을 하며 자립에 대한 두려움 해소에 큰 역할을 하고 있어 코로나19 시대에 취약계층을 위해 다양한 서비스를 제공할 것으로 기대된다.

전문가들은 다양한 해법을 이야기한다. 이원호 한국도시연구소 책임연구원은 "2020 서울자치분권형 주거복지포럼 1차 행사를 통해 서울시에서 공공임대주택에 대해 선제적으로 퇴거에 대한 중단이나 임대료 인하에 대해서도 적극적으로 고민할 필요가 있다"라고 말했다. 그는 "지난 7월 임대차보호법이 개정되면서 임대료 인상률에 대해 지방정부가 조례를 통해 정할 수 있게 됐는데, 실제로 서울시가 표준 공정임대료에 대한 조사나 대책을 마련해 실제로 이 문제들을 해결하는 데 역할을 해줬으면 좋겠다"라고 덧붙였다. 단적인 예로 얼마 전에 제주도가 공공임대주택에 대한 임대료를 인하하겠다는 발표를 했다. 추가로 SH공사가 보유한 공공임대주택도 긴급하게 주거가 필요한 사람들을 대상으로 긴급주거로 확대하는 아이디어도 언급했다. 홈리스나 저소득층을 위한 영구임대주택과 관련해 정보 접근성이 취약한 이들을 위한 별도의 전달체계 구축도 필요하다. 더불어 인식 개선을 위한 최저주거기준의 보완 역시 필요하다. 현재 주택의 면적이나 방 개수, 채광 등을 종합적으로 고려해 '사람답게 살 수 있는 최소한의 주거 조건'을 정해놓은 것인데, 예를 들어 4인 가구는 '주거면적 43㎡에 방 3개'를 최저 기준으로 잡고 있다. 이런 물리적 기준 외에 구조 성능이나 환경 관련 기준들은 모호하게 명시되어 있다. 그러다 보니 이에 대한 실태가 제대로 파악되지 않는 실정이며, 현재 최저기준이 어떤 강제성을 띠고 있지는 않지만 실질적으로 최저주거기준 미달 가구의 주거 상향 이동을 위한 정책 수단으로 활용하기 위해서는 최저주거기준에 대한 개선 방안을 모색하고 이와 관련한 지원 및 규제정책도 함께 마련해야 한다. 이종필 서울도시재생사회적협동조합 이사장은 "서울시에는 '가꿈주택' 사업이 있는데, 자부담률을 최소화하는 별도의 트랙을 신설할 수도 있다. 또한 서울시의 공공공간을 지속적으로 확대함으로써 공간복지를 실현하는 것도 가능하다"라고 제안했다.

1. 「임대주택법」 제28조
2. 김효주, 「지방공공서비스 유형에 따른 공급방식의 효율성 분석」, 2013
3. 김선직, 「공공임대주택 관리방식별 입주자 주거만족도 및 선호도에 대한 연구」, 2013
4. 이기혁, 「공공임대주택의 관리방식이 입주자 주거만족도에 미치는 영향」, 2015
5. 김선직, 위의 논문
6. 김선직, 위의 논문
7. SH공사, 서울시 공공임대주택의 효율적인 관리방안 연구」, 2007

2-4

토론

청년 가구 주거복지 지원 방안

좌장

김인제 의원(서울시의회 기획경제위원회)

토론자

김선수 주택정책과장(서울시)
김승연 도시사회연구실장(서울연구원)
성진욱 책임연구원(SH도시연구원)
이상림 연구위원(한국보건사회연구원)
최지희 센터장(서울시 청년주거상담센터)

김선수_ 서울시는 2019년부터 3년에 걸쳐 진행되고 있는 서울주거복지포럼의 다양한 의견을 반영해 정책을 펼치고 있습니다. 다른 분들께서 소개해주신 서울시의 주택정책을 들으면서 느낀 점이 몇 가지 있습니다. 지금까지 서울시는 임대주택, 금융지원 등을 통해 36만 가구의 공공임대주택을 제공했는데, 서울시 정책이 공급에만 치중한 면이 있었던 것 같습니다. 현장에서 활동하시는 분들의 이야기를 들어보니 청년들은 금융 지원을 원해 관련 정책 개발이 더 필요하다고 생각했습니다. 서울시는 다양한 주거사다리 정책을 만들고 있는데, 청년들에게 홍보가 부족한 면이 있었습니다. 청년들에게 조금 더 와닿을 수 있는 다양한 홍보 방안을 만들어야겠다는 생각을 했습니다. 그리고 정책을 만들어 운영하다 보면 급한 마음에 공공에서 진행하는 경우가 잦았는데, 장기적으로 볼 때 공공의 역할과 민간의 역할이 구분되어야 할 뿐 아니라 함께하는 정책도 필요할 것 같습니다. 오늘 이야기를 종합해보니 청년주택정책에서 직접지원보다 간접지원에 많은 설계가 필요하다고 느꼈습니다. 관련 분야에 종사하는 분들의 의견을 듣고 정책에 반영할 수 있으면 좋겠습니다.

김선수 서울시 주택정책과장

김인제_ 이 자리는 사회적 공감대를 형성하기 위한 자리이므로 서울시의 청년주거 정책에 대해 설명하기보다는 다른 토론자님들과 공감대를 형성해 주거복지 로드맵을 수립하고자 한다는 의견을 주셨습니다. 현장에서 청년들의 다양한 고충을 들으며 나누고 계신 최지희 센터장님의 이야기를 이어 듣도록 하겠습니다.

최지희_ 저는 서울시청년주거상담센터를 통해 전국의 많은 청년과 소통하고 있습니다. 서울시 청년주거상담센터는 청년정책의 전달체계에 불편을 느낀 청년들이 시정에 적극 참여하며 개선을 요구해 정책으로 반영된 결과물이기도 한데요, 청년 주거 문제를 이야기하던 시민단체 민달팽이유니온과 함께 청년, 행정, 시의회, 시민단체가 참여해 협업하고 있습니다. 센터는 주거 상담, 교육, 이슈 발굴, 공공홈케어, 네트워크 구축 및 운영 등 다양한 사업을 연계해 진행하는 일에 중점을 두고 있습니다. 그 이유는 청년주거 문제가 대두되면서 단기간에 쏟아져나온 여러 정책의 방향 조정과 효율적 활용에 대한 요구가 높았기 때문입니다. 이런 것을 알려주는 기관은 많지만, 청년의 눈높이에서 이해하기에는 어려웠는데요, 특히 주거 영역은 복잡하고 문턱이 높다 보니 전문적으로 다루는 데 어려움이 많았습니다.

청년 주거 상담을 진행하며 자주 듣는 몇 가지 애로 사항을 말씀드리겠습니다. 기본적으로 많은 세입자들이 겪는 분쟁이 있는데요, 이외에도 청년들만 겪는 상황도 있었습니다. 집 구하기, 계약서 작성, 특약 사항같이 일반적인 주택 계약 시 발생하는 문제가 아닌, 다른 어려움을 겪고 있음을 확인했습니다. 예컨대 사회통념이나 법적인 것을 뛰어넘는 임대인의 갑질, 사생활 침해, 위반 건축물, 관리비 등이 청년들이 많이 상담하는 내용 중 일부입니다. 얼마 전부터는 청년주거상담콜센터도 운영하며 주거 관련 상담과 교육 활동을 점차 늘려가고 있습니다. 사실 이 활동의 기반에는 서울시에서 갖추고 있던 인프라 활용이 있습니다. 다산콜센터, 서

최지희 청년주거상담센터 센터장

울주거포털, 온라인청년센터 같은 곳과 적극적인 MOU를 통해 활동을 이어가고 있습니다.

상담을 하다 보면 정책으로 해결할 수 없는 일도 많습니다만, 저희는 여기서 이슈를 발굴하고 제도 개선으로 이어질 수 있도록 노력하고 있습니다. 특히 주거 상담과 교육에 대한 수요가 높은데, 2021년에는 '집 구하기 A to Z'라는 제목으로 기초교육을 매달 2회씩 진행하기도 했습니다. 중개소 이용 방법, 계약서 작성 등을 포함하는 3시간 분량의 교육인데요, 90명에서 170명 정도의 청년이 참여하는 등 열기가 뜨거웠습니다. 대개 청년들은 온라인을 활용해 정보를 잘 활용할 것 같지만, 정책을 직접 이용해본 경험이 드물기 때문에 포기하는 경우가 많았습니다. 이런 부분은 교육과 상담을 통해 해소할 수 있습니다.

지자체에서도 청년 주거 관련 정책을 많이 만들고 있는데요, 마포구·서대문구·광진구와 함께 위반건축물 확인, 주거 상담, 주거 교육, 중개소 동행 서비스 등을 시행하고 있습니다. 문제는 다양한 정책과 예산에 비해 부족한 인력입니다. 아직은 그 인력이 준비되는 과정이라고 생각합니다. 그런 점에서 구조적으로 청년 주거 문제 해결에 기여할 수 있는 전문 인력을 안정적이고 지속적으로 양성하는 활동이 필요합니다. 그런 역할을 서울시청년주거상담센터와 다른 기관들이 함께 해나가고 있습니다. 당장 돈과 집을 지원해주는 정책도 중요하지만, 눈에 보이지 않더라도 장기적 관점에서 인프라를 쌓는 것 역시 중요하다고 생각합니다. 이러한 지점에서 앞으로의 서울시가 노력해줬으면 합니다.

김인제 현장에서 청년들의 고충을 직접 들으며 활동하는 센터장께서 여러 사례에 관해 설명해주셨습니다. 우리 서울시의 공급정책과 전달체계를 어떻게 더 현실화할 것인가에 대해 고민하게 하는 토론이었습니다. 다음으로 서울연구원 도시사회연구실 김승연 실장님을 모시고 이야기 들어보겠습니다.

김승연 저는 주거의 관점보단 지금 청년들이 처한 상황을 공유하고 이를 토대로 서울시 정책이 어떤 방향으로 나아가야 할지를 말씀드리겠습니다. 최근 서울 청년 5,000명을 대상으로 진행한 조사에서 '언제쯤 독립이 가능할지'를 물었더니 평균 32세라는 답변을 받았습니다. 학업 기간과 취업 준비의 장기화, 경제 여건의 하락에 따라 부모에게서 독립하는 시간이 점차 길어졌기 때문입니다. 과거 대학생 자취방이라고 하면 아무리 좁고 힘들더라도 취업만 하면 더 나은 집을 구할 수 있다는 기대와 희망이 있었기 때문에 열악한 주거 환경이 일시적이고 과도기적인 현상으로 여겨졌습니다. 하지만 현재는 대학부터 취업까지의 시간이 길어진 것은 물론, 취업을 하더라도 이러한 주거 환경을 벗어나기 힘든 현실입니다. 과거에는 열심히 아끼면서 돈을 모으면 안정성이 낮은 형태에서 자가로의 '주거 상향 이동(주거사다리론)'이 가능했지만, 지금은 제자리에서 열심히 달려야만 현 주거 상태를 유지할 수 있는 러닝머신을 계속 뛰고 있는 상황과 같죠. 그 때문에 현재 청년 세대가 부모 세대보다 가난해지면서 자가 소유가 요원해지는 '평생임차세대(Generation Rent)'로 남을 것이라는 비판적 전망까지 나오고 있습니다. 부모의 지원에 관련해서도 과거에는 일부에 그쳤지만, 현재는 부모의 지원 여부와 정도에 따른 주거 여건의 차이가 극심해지고 있습니다. 결국 부모에게 얼마큼 지원을 받느냐에 따라 주거가 청년들로 하여금 사회 첫 출발의 격차를 발생시키는 기재로 작동하게 됩니다. 이는 청년 세대의 미래 자산의 격차까지 이어지며 가구 소형화, 1인 가구 증가, 저출산, 고령화 등 주거 불안 문제에서 사회 불평등과 사회 활력을 저하시키는 악순환의 고리로 작용하게 됩니다.

최근 서울시의 청년정책종합계획을 수립하는 연구를 진행하며 관련 연간 사업을 찾아봤더니 사업 자체는 많았습니다. 그럼 청년 주거 문제가 해결이 됐느냐 하면 그렇지 않죠. 이전에 인지도와 홍보 문제를 말씀하셨는데, 제 생각은 다릅니다. 지난해 서울시 거주 청년을 대상으로 정책 수요 조사를 한 결과 청년주택공급

김승연 서울연구원 도시사회연구실장

사업에 대한 인지도가 66.8%로 청년수당을 비롯한 서울시의 모든 청년 정책 중 가장 인지도가 높았습니다. 청년월세지원사업도 47.8%로 높은 편이었죠. 하지만 높은 인지도와 달리 정책의 참여 및 수혜 경험은 청년주택공급사업 3.1%, 청년월세지원사업 2.6%로 매우 낮았습니다. 사업 수가 중요한 것이 아니라 하나의 사업을 하더라도 필요한 청년이 모두 받을 수 있을 만큼 잘 설계된 정책과 사업 운영이 필요한 것이죠. 홍보 문제가 아니라 수혜를 받아야 하는 청년들이 알기 어렵게 사업을 쪼개어놓는 것이 문제라고 봅니다. 또한 청년월세지원 등 주거비 지원사업은 개인의 주거비 부담을 줄이는 것도 좋지만 주거 상향 이동을 촉진할 수 있는 방향으로 설계할 필요가 있습니다. 해당 사업이 지난해 5,000명을 대상으로 시작해 올해 2만2,000명까지 확대된 것은 긍정적이지만 월세 지원 기간이 10개월로 통상 1~2년 단위인 주택 계약 기간과 맞지 않아 주거 상향 이동을 시도하기 어렵습니다. 주거 여건이 열악한 곳에서 거주하는 청년을 우선적으로 배정한다면 정책 실효성이 높아질 것으로 예상하며, 지원 기간도 최소 1년에서 2년까지 확대해 실질적으로 더 나은 주택으로 이전하거나 주거비 활용에 도움 될 수 있는 방안을 마련해야 한다고 생각합니다.

김인제 김승연 서울연구원 도시사회연구실장님의 말씀 잘 들었습니다. 청년 주거 정책에서 발생할 수 있는 현상을 청년들의 삶의 문제와 연결 지어 주거 지원에 대한 방안을 말씀해주셨습니다. 월세, 전세, 자가로 이어지는 주거 상향 이동이 붕괴된 지 오래된 것 같습니다. 서울시가 주거 품질에 대한 법 또는 규정을 만들 필요가 있다는 생각도 들었습니다. 서울시나 정부에서 만든 최저주거기준은 존재하지만, 이 기준에 부합하는 면적에 대한 주거 품질을 규정하고 월세로 지원받을 수 있는 부분에 대한 가이드가 없기 때문이죠, 이런 이유로 '지옥고'라고 표현되는 문제점들

김인제 서울시의회 기획경제위원회 의원

이 발생하고 있습니다. 주거비 지원을 받지 않는 대신 저렴하다는 명목하에 임대인들이 불법행위를 하고 있기도 하고요. 주택 품질을 개선하지 않을 경우 월세를 받지 못하게 하는 등 월세지원사업에서 주거비 보조와 함께 주거의 질에 대한 안전장치까지 수립한다면 어떨까 하는 생각도 듭니다. 다음은 SH도시연구원 성진욱 박사님의 토론이 이어지겠습니다.

성진욱 저는 공공임대주택과 연계해 서울의 임차 가구 청년을 중심으로 말씀드리겠습니다. 1인 청년 가구가 느끼는 주거 부담 수준은 초등학교 자녀를 둔 가구와 비슷하다고 합니다. 신혼부부와 영유아 가구에 비해서도 청년 가구가 느끼는 주거 부담이 상당하다는 얘기죠. 특히 서울의 1인당 주거 면적은 26.3m²로 전국에서 가장 좁고, 20대 청년 기준 단위면적당 임대료 수준이 2만 원으로 주거 면적은 협소하고 임대료는 가장 높은 상황입니다. 자체 분석 결과 광역시에 비해 18만 원 정도 높은 50만 원 수준이며 RIR(월소득 대비 임대료 비율) 지표로 보면 30% 이상 과부담하고 있는 가구가 전체 63%, 최저주거기준 미달한 가구 비율도 24%입니다. 이 두 항목을 합쳐 이중고를 겪고 있는 청년 1인 가구도 서울에 거주하는 전체 청년의 18%에 달합니다. 경제활동 측면에서 보면 비경제활동 청년이 경제활동 청년에 비해 고시원 거주 비율 3배, 주거비 부담은 약 2배에 가깝습니다. 청년의 고용 불안에 이은 주거 불안까지 겹치고 있는 상황이죠.

SH는 이러한 청년 주거 문제를 인식하고 올해 청년 조사와 연구를 진행하고 있고, '청신호'라는 브랜드를 통해 청년과 신혼부부의 주거 안정을 위해 노력하고 있습니다. 공공임대주택에 입주한 청년의 실태 조사 결과를 말씀드리면, 지하나 옥탑 등 최저주거기준에 미치지 못하는 곳에서 거주하던 가구가 5%, 기존 거주 면적보다 상향 이동한 가구가 84.7%로 공공임대주택정책 효과를 보였습니다. 그렇다면 공공임대주택 입주로 줄어든 주거비만큼 가처분소득이 늘어날 텐데, 이 소득을 어디에 쓰느냐 하면 일반적인 거주자분들은 생활비, 식비로 사용해 엥겔지수가

성진욱 SH도시연구원 책임연구원

높은 편이며, 청년층의 경우 자산 축적하는 데 한계가 있기 때문에 저축이 80%, 청약저축이 90%로 월평균 저축금액이 80만 원에 이릅니다. 이미 공공임대주택 혜택을 보신 분들은 공공분양주택 공급, 공공임대주택 확대, 전세자금 대출지원에 대한 정책을 요청하셨습니다. 일각에서는 청년과 신혼부부에만 너무 집중적으로 할당하고 있다는 우려도 있습니다. 하지만 공공임대주택정책의 수혜율은 소득 4분위 이하 가구에 배정되는데, 이는 20% 수준입니다. 청년에게 배당되는 수혜율은 0.5%로 상당히 낮은 수준이며, 주거 급여 및 전월세 보증금을 받는 공적 주거 지원까지 포함해도 수혜율은 5.8% 수준입니다. 그렇기에 주거 불안 문제에 직면한 청년과 신혼부부에 대한 배려가 필요하다는 생각입니다.

마지막으로 정책 제언을 드리자면, 첫 번째로 양적인 측면에서 쪼개기 방식의 임대주택만 공급하는 것이 아니라 양질의 청년주택을 적소, 적시에 공급해야 할 것입니다. 대중교통을 주로 이용하는 저소득층, 이동이 많은 청년층에게는 역세권이 중요하고, 학업과 취업이 지연되며 대학생활권과 연계한 공급도 필요해 보입니다. 청년 가구의 상당수가 노후화되거나 부실한 건물에 방치되는 경우가 있는데, 이러한 건물에 공공의 실질적 개입은 어렵기 때문에 최소한 서울시가 지원하는 보증금은 적정 기준 면적을 충족한 임대인에 한해 지원할 필요가 있다고 봅니다. 얼마나 많은 주택을 공급하느냐보다 얼마나 많은 가구에 적정한 주거를 제공하느냐에 방점을 둘 필요가 있는 것이죠. 두 번째는 간접지원 차원에서 공공과 민간의 협업 체계를 구축한 기금을 통해 주거 금융상품과 복지가 더해지면 좋겠다는 의견입니다. 김승연 실장님 말씀처럼 월세지원사업에서 주거비 부담이 7~9% 완화됐는데 왜 2년이 아니라 10개월이었을까라는 의문이 듭니다. 따라서 일시적이 아닌 장기적으로 지원이 이어질 수 있는 정책이 필요합니다. 마지막으로 SH 행복주택에 입주한 청년을 대상으로 청년패널조사를 시행함으로써 청년정책의 효과를 입증하고 데이터에 기반한 실효성 있는 정책이 이어질 필요가 있다고 생각합니다. 정부나 서울시가 앞다퉈 내놓은 정책에서 다양한 상품이 파생하기보다 제대로 된 정책 시행이 필요하고 꼭 청년 가구가 신혼부부 가구로 이행되는 집단은 아니지만 장기적 관점에서 혼인과 출산으로 이어질 수 있는 연결 고리가 될 수 있길 바랍니다.

김인제 서울시 주택공급정책의 실행 수행기관으로서 SH 사업에 대한 청년 주거 지원의 요약된 설명과 정부와 지방 전달체계에 있을 수 있는 다양한 유형에 대해 설명해주셨습니다. 다음은 이상림 한국보건사회 연구위원님의 말씀이 있겠습니다. 청년세대의 저출산 문제를 조사해주시고 청년정책의 전달체계에 대해 연구해주셨습니다.

이상림 저는 과거 저출산고령위원회에서 활동하며 저출산 문제에 대해 연구하다가 청년, 지역이 중요하다는 관점에서 접근했고, 청년정책에 관심을 갖게 되었습니다. 최근에는 국무조정실 청년정책추진단에 참여해 정책을 만드는 과정을 지켜보기도 했습니다. 이런 식으로 조금 다른 관점으로 청년정책을 바라봐야 하지 않을까 생각합니다. 우선 청년주거정책의 방향성을 잡을 필요가 있습니다. 청년을 위한 주거에 대한 정책인지, 청년 주거에 대한 정책인지 여러 관점에서 접근할 수 있거든요. 최근 미혼 청년들이 부모와 동거하는 비율이 증가하고 있습니다. 이것은 우리나라의 청년주거정책이 방향을 잘못 설정했다는 말이기도 합니다. 현재 청년정책은 이유, 목적, 범위에 대한 답이 없는 상태로 여러 사업을 나열하는 형태로 발전하고 있습니다. 저출산 정책이 무너진 사례와 비슷한 형태이기에 너무나 안타깝습니다. 특히 관련 사업이 많아지면 여러 분야의 관계자들이 참여하는데요, 이런 경우 더 복잡한 방법으로 소통하고 문제를 바라보게 됩니다. 특히 주거정책에 건축업자들이 들어오면 다른 방향으로 튈 가능성도 매우 큽니다. 그러므로 청년주거정책이 지향하는 바를 명확하게 설정할 필요가 있습니다.

청년정책은 기본적으로 중간에 위치한 평균 청년들을 위한 정책이 대부분입니다. 취약계층 지원 정책과 분리가 필요한 것이지요. 그러기 위해서는 더 많은 재원을 확보하고 사회적 합의가 필요하다고 생각합니다. 무엇보다 청년을 단순히 불쌍하게 여겨 지원해주는 일은 그만뒀으면 좋겠습니다. 청년들의 주거 안정이 중요한 이유는 굉장히 복잡한데요, 자산 불평등, 계층 문제로 발전할 수 있기 때문입니다. 청년을 바라볼 때 생애과정에 대한 이해가 필요합니다. 단계별로 다른 정책과 일관성을 유지하는 것도 필요합니다. 최근 청년을 대상으로 한 '혼인에 대한 가치태도 변화 설문조사' 결과를 보면 결혼을 해야 한다는 비율이 남녀 모두 굉장히 낮아진 것을 확인할 수 있습니다. 조금 더 자세히 들여다보면 결혼을 하지 않겠다는 비율이 늘어난 것이 아니라 유보하겠다는 답변이 늘어났는데요, 이는 생애주기별

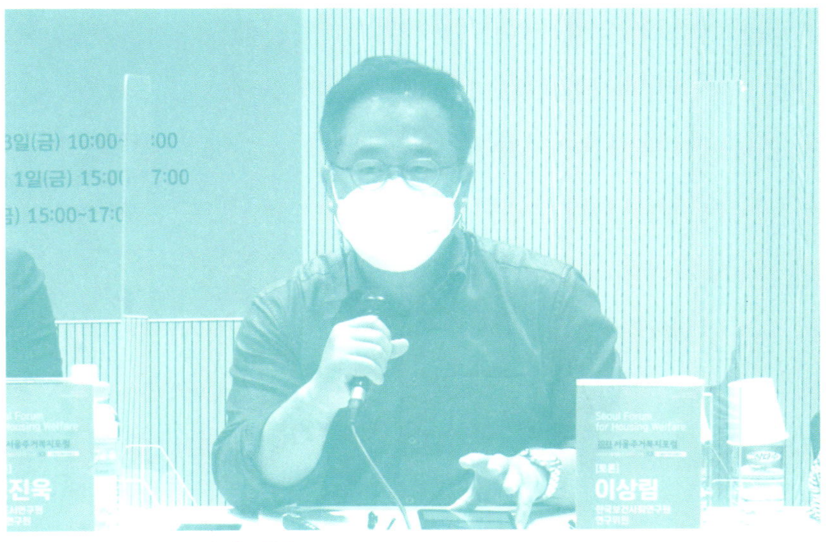

이상림 한국보건사회연구원 연구위원

이해가 선행된 이후 정책 개입이 필요하다는 방증이기도 합니다. 그리고 청년의 생활은 각각의 영역으로 구분되어 있지 않습니다. 그래서 청년의 주거정책은 교육, 일자리, 생활 등의 다른 정책들과 면밀하게 연결되어야 합니다. 이런 측면에서 지역과의 협업체계가 필요하다고 생각합니다. 서울시 내에서도 1인 청년 가구의 비율이 모두 다르니 지역별 맞춤형 청년정책을 마련해야 합니다. 마지막으로 광역시와 기초자치단체가 할 일이 구분되어야 한다고 생각합니다. 기초자치단체는 자치단체에 맞는 정책을, 광역시는 지원 사업 단위를 넘어 정무·정치적 역할을 책임져야 합니다.

우리나라에서 청년정책을 가장 잘하는 지역을 이야기할 때 서울, 광주, 대구를 많이 이야기합니다. 이 세 지역의 특징은 지방에 있는 청년들이 들어오는 지역이라는 것입니다. 이를 부정적 시선으로 바라보는 사람들도 있습니다. 서울에 거주하고 있는 청년들을 지원하는 현재 정책을 다른 관점으로 접근해, 서울을 떠나는 청년들을 위한 정책도 고민해보아야 한다고 생각합니다. 청년들이 한 지역에 계속해서 유입되다 보면 청년의 삶이 떨어질 수밖에 없거든요. 이 문제는 사업으로 풀 수 있는 문제가 아니라 지자체와 중앙정부가 함께 해결해야 하는 문제이기에 서울시가 정치적 결단을 내릴 필요가 있다고 생각합니다.

결론적으로 말씀드리면 청년주거정책은 청년정책의 맥락에서 접근할 필요가 있고, 서울에 맞는 서울청년주거정책의 프레임을 구성할 필요가 있습니다. 지원의 정교화와 확대를 통해 사업을 넘어선 정책 방안을 마련하고, 청년의 삶과 경험에 대한 이해를 기초로 관련 단체들과 지역사회가 협업해야 합니다. 마지막으로 서울시는 청년정책을 사업 단위로만 접근하지 말고, 우리나라를 선도하는 지자체로서 접근할 필요도 있다고 생각합니다.

3

오늘의 일자리

청년 실업이라고 하면 취직하지 않는 모든 청년을
실업인구로 판단해버리는 경향이 있다.
독립적이고 유연하게 일하는 인디펜던트 워커가 늘어나야,
청년 실업 문제의 당사자들이 좀 더 다양한
시도를 할 수 있을 것이다.

3-1

코로나19 시대 청년 실업의 현황

'88만 원 세대', 위기의 청년

사회사가에 따르면 '청년'이라는 범주는 근대의 발명품이다(Gillis,1974; Mitterauer). 서구는 의무교육 수료 후부터 임금노동으로 진입하기 전까지의 이행기가 확장되면서 발생한 현상을 지칭한다(Buckingham, 2008:4). 한국 역시 청년은 근대의 산물이라고 할 수 있지만, 식민지 시기를 거친 한국의 근대는 청년의 등장을 다른 방식으로 경험했다. 1920년대의 사회 정치 공간 속에서 청년이라는 세대적 주체는 "조선 민족이 지향해야 할 새로운 가치와 목표를 상징했고 나아가 민족 전체를 아우를 수 있는 통합적 주체로서"(이기훈, 2005: 215) 인식되었다.

즉 청년을 노동의 공백기로서 발견했던 서구와 달리, 청년이 국민국가 건설의 요체이자 부모 세대로부터 독립한 자립적인 계몽 주체로 개념화된 것은 한국의 근대가 낳은 특수한 역사적 사실이다(김지영, 2011: 146). 구습적 과거와 단절하고 새로운 세계를 건설하고자 하는 창조적 파괴 열정의 표상으로 호출된 '(신)청년'이란 곧 "미래를 담지하는 상징적 주체"(소영현, 2005: 42)의 이름이었다. 이처럼 2000년대 초·중반까지 청년의 의미를 "보다 자유로운, 보다 여유로운, 보다 자기 중심적 생활 패턴을 가진 이들"(김성훈, 2005: 78) 등으로 전유하려는 시도들이 가능했던 것이다.

그러나 1997년 IMF 사태 이후 한국 사회에서 실업은 구조적인 문제로 경험되기 시작하며, 2000년 중반 이후 노무현 정권기에 언론은 구조조정과 신규 채용 급감 속에서 취업난에 시달리는 대학 졸업생들과 새롭게 등장한 청년 백수층을 집중적으로 조명한다. 사회적 여론도 청년층의 실업을 여타 연령대의 실업보다 더 심각한 문제로 인식하게 된다.

사실 청년 실업은 청년 당사자의 문제이기에 앞서 미래 우리 경제의 생산성 저하로 이어지는 귀중한 국가 인력의 손실이자, 도덕적 위험을 불러일으킬 수 있는 사회 불안 요인이 된다. 이는 일하지 않는 청년들, 즉 청년 백수에 대한 불안과 배제로 이어진다.

청년의 암울한 상황에 대한 진단은 연애, 결혼, 출산을 포기한 젊은 세대를 일컫는 '삼포(三拋)세대'의 등장으로 더욱 강화된다. 2011년 경향신문의 한 기획 기사에서 등장한 이 용어는 "불안정한 일자리, 학자금 대출 상환, 기약 없는 취업 준비, 치솟은 집값 등 과도한 삶의 비용"으로 인해 연애, 결혼, 출산을 포기하거나 기약 없이 미루고 있는 청년층을 일컫는다. 이는 미디어와 온라인 공간을 거치며 사회적으로 급속히 확산되어 '88만 원 세대' 이후 가장 대표적인 청년의 명칭이 되었고, 포기하는 요소들의 목록이 확장되면서 '사포세대', '오포세대' 등으로 변주되기도 했다. 노동과 주거의 불안정성에 시달리며 가족 구성을 포기하는 청년의 표상은 전사회적으로 공유되는 위기가 되었다.

2000년대 후반 '88만원세대'로 불린 것처럼, 청년들은 경제적 위기 속에서 생존하기 위해 수동적인 자기 계발에 몰두하거나 공무원 공부 등 안정 추구형으로 변하고, 청년으로서의 변화와 혁신성을 잃은 채 사회 구성원으로서 이행해야 하는 '정상적인 경로'에서 이탈해 그저 그런 노동자로 남을 우려가 있다.

『88만원세대』(우석훈, 박권일)

청년 실업 대책으로서 창업장려정책

1990년대 말 외환위기에 대한 대응 전략의 일환으로 IT 산업을 중심으로 불던 벤처 붐은 2001~2002년 버블 붕괴 이후 사그라졌다가 2009년을 기점으로 재도약한다. 한국개발연구원(KDI)의 한 연구보고서는 '제2의 벤처 붐'을 기대하는 일각의 전망에도 불구하고, 이는 벤처 생태계의 활성화에 의한 결과라기보다는 정책적 지원 대상의 벤처 인증 사례 급증에 기인한다고 지적한다(김기완, 2012: 7). 2008년부터 청년 실업 대책은 이전과 다른 양상을 띠는데, 이 시기는 청년 실업 문제의 대안으로 창업장려정책이 활발하게 실시되기 시작한 시기이기도 하다.

2008년 8월 이명박 정부가 발표한 '청년고용촉진대책'은 크게 청년 친화적 일자리 지원, 직업 체험 확대 및 산업 수요에 맞는 인력 양성, 청년 고용 인프라 확충을 통한 미스매치 완화를 중심으로 한다. 여기에는 이전까지의 고용 대책과 유사한 인턴 채용 확대, 중소기업 채용 확대, 취업애로청년 지원서비스 등이 포함되는 한편, 청년 기업가 육성(청년 창업지원, 공예·디자인 등 틈새시장 창업지원, 청년 사회적기업가 육성 등)과 미래산업 청년 리더 10만 명 양성과 같은, 창조적 기업가나 글로벌 리더로서의 청년 주체를 강조하는 새로운 사업 방향이 추가된다.

2009년 7월부터 당시 오세훈 서울시장은 "참신한 창업 아이템과 열정을 가진 20·30대 예비 창업자 1,000명을 선발해 청년 CEO로 육성하는 '2030 청년창업 프로젝트'(청년창업 1000프로젝트)를 시행한다. 강남과 강북에 각각 청년창업센터를 설립하고 예비 청년 기업가 1,000명에게 창업 공간, 창업활동비, 창업교육, 홍보·마케팅 등 창업에 필요한 자원을 제공하는 이 사업을 통해 2011년까지 약 190억 원의 예산을 들여 3,023개의 청년 창업팀을 육성했다. 2011년 정책자료집에 따르면, 2011년 9월 기준으로 이 중 1,389개 팀이 실제로 사업자등록에 성공하며 총 9,344

명의 일자리 창출에 성공했다고 한다. 이는 전국 최초로 운영한 청년 대상 창업 지원 사업으로, 2010년 3월 국가고용대책회의에서 청년 일자리 창출 우수 시책으로 발표해 당해 7월부터 15개 광역자치단체를 포함하여 30여 개 중앙부처 및 지방자치단체로 확산된다.

고용노동부는 기업체 취업을 전제로 한 기존 중소기업 청년 인턴제로는 "젊은 층의 일자리 부족을 해결하는 데 한계가 있다고 보고 기업가정신을 살려 창업을 장려하는 쪽으로"(동아일보, 2010.2.2.) 방향을 바꿔 2010년부터 '청년 창직·창업 인턴제' 사업을 실시하기 시작한다. 2010년 운영 지침에서 '창직'이란 "문화 콘텐츠 등의 산업 분야에서 스스로 독립 직업인 형태의 일자리를 창출하는 것"으로 정의된다.

한편, 2007년 1월 제정되었던 「사회적기업 육성법」이 2010년 6월 개정되면서 사회적기업의 정의가 기존의 "취약계층에서 사회서비스나 일자리를 제공"하는 기업에서 "지역사회에 공헌함으로써 지역 주민의 삶의 질을 높이는 등의 사회적 목적을 추구"하는 기업까지 포괄하게 된다. 이에 청년층 창업·창직의 블루마켓으로서 사회적기업이, 그리고 아직 태동기에 있는 사회적기업 활성화를 이끌어나갈 주체로서의 청년이 본격적으로 주목받기 시작한다. 2010년 10월 고용노동부 주최로 민·관·학 공동 참여한 '청년 사회적기업가 육성을 위한 대토론회'가 개최되고, 2010년 12월 고용노동부 산하 출연기관으로서 사회적기업 육성 업무를 전담하는 한국사회적기업진흥원이 설립된다. 한국사회적기업진흥원은 2011년부터 "청년층 등에게 일정 기간 창업에 필요한 공간, 자금, 멘토 등을 지원하여 사회적기업을 창업할 수 있도록 체계적으로 지원"하는 '청년 등 사회적기업가 육성사업'을 실시하기 시작했다. 이 사업은 구성원의 50% 이상이 만 19세부터 39세 이하인 청년층으로 이루어질 것을 의무화하고 있었다.

청년의 창업·창직 정책에 사회적경제를 본격적으로 접목한 사례는 2012년부터 서울시에서 창출된다. 서울시는 기존의 '청년창업 1000프로젝트'를 '창조적 청년기업 10,000개 육성' 정책으로 확대 운영하는데, 기존 사업과 유사하게 진행하던 2012년과 달리 2013년부터는 사회적경제 분야의 창업 활성화를 기조로 하는 신규 정책 과제를 도입하기 시작한다.

그런데 서울시의 정책 과제에서 드러나는 사회적경제 영역은 중앙정부 대책의 시각과 같이 단순히 창조적이고 활력 있는 노동력으로서의 청년 예비 기업가를 요구하지 않는다. 여기서 중점이 되는 것은 청년 주체의 재능을 통한 사회적 가치 실현으로 개별적인 노동 경험에서의 '행복' 추구가 가능해진다는 인식의 확산이다.

서울시의 청년 대책과 청년 일자리 허브

2011년 서울시 시정개혁 조치의 핵심 축은 정책 수립 과정에서의 시민 참여를 촉진하고 제도화하고자 하는 노력이었다(이영희, 2013: 107). 이는 '시민 말씀대로', '시민이 시장이다'와 같은 구호에서 출발해 "시정의 주인인 시민의 소망과 의견을 지속적으로 듣고(聽) 이를 서울시 정책(政策)에 반영하는 청책(聽策)"(2014 희망서울 시정운영계획)의 형태로 실행된다. 2011년 11월부터 실시한 '청책토론회'는 여성, 노숙인, 북한이탈주민과 같이 특정 집단을 대상으로 하거나 사회적기업, 평생교육, 관광진흥 등 특정 분야를 주제로 하여 문제 당사자뿐 아니라 시장과 주요 관계자가 참여하는 1~2시간 분량의 토론회다.

2014년 5월 기준으로 총 87회의 청책토론회가 실시되었고, 이 중 네 번째로 진행한 '청년일자리정책 수립을 위한 청책워크숍: 청년, 가능성의 생태계를 찾아서'

에서 나온 청년들의 의견은 이후 서울시의 청년 정책 구상과 실행의 청사진을 그리는 중대한 계기가 된다는 점에서 자세히 검토할 필요가 있다.

2011년 12월 6일 하자센터에서 개최한 이 토론회에는 서울시 시장과 관련 전문가, 청년 구직자, 예비 창업가, 제3섹터 종사자 등 200여 명의 인원이 참석했다. 청년 일자리 문제를 중심으로 이루어진 발표와 토론에서 참석자들은 '취직이 로또'가 되어버린 현실과 청년이 새로운 일을 시도할 수 없는 상황에서 겪는 애환을 토로한다. 이에 대해 당시 서울시 시장은 "가슴이 무겁지만, 어려운 조건하에서 고민하고 실제로 열정을 갖고 해나가는 당당함이 느껴져서 해결이 전혀 불가능하진 않겠다는 자신감 또한 얻었다"라고 응답한다. 이 자리를 마무리하며 시장이 주의 깊게 검토하겠다는 의지를 표명하고 실제로 실행하는 아이디어는 크게 서울시와 청년의 거버넌스, 일자리의 재의미화, 청년 지원 공간 세 가지다. 서울시와 청년의 거버넌스는 서울시-청년유니온이 체결한 사회적 협약과 서울시청년정책네트워크를 통해 현실화되었다. 국내 최초의 세대별 노동조합인 청년유니온은 토론회에 참석해 청년 저임금 노동자에 대한 4대 보험 지원을 요구하는데, 실제로 청년유니온은 이를 받아들여 이듬해부터 서울시와의 사회적 교섭을 추진하기 시작하고, 2013년 1월 청년 일자리 정책 협약을 체결한다. 이는 청년 노동조합과 지방정부가 맺은 최초의 사회적 협약으로서 이후의 '청년일자리 권리선언' 발표, 「서울특별시 청년일자리 기본조례」 제정, 서울시 산하기관 청년의무고용제 등의 근거로 기능한다. 또한 토론회에서 서울청년의회의 수립을 제안한바, 서울시는 이후 두 차례에 걸쳐 청년명예부시장을 위촉하고 2013년 1월 28일 담당공무원과 청년 당사자 및 민간전문가 등으로 구성된 청년연석회의를 개최한다. 2013년 8월에는 청년명예부시장을 운영위원장으로 하여 서울시청년정책네트워크가 설립된다.

온라인으로 모집한 총 249명의 청년정책위원은 주거, 문화, 복지, 생활안전망

청년허브(서울특별시 은평구 녹번동)

등 일자리 문제에 국한되지 않는 13개의 의제별 정책테이블을 구성했으며, 5개월에 걸친 정책위원들의 아이디어 회의를 거쳐 최종적으로 제안한 20개 청년정책 중 12개가 추진 수용되었다. 이는 2011년의 청책토론회와 2012년의 사회적 협약을 거쳐 '서울시와 청년의 거버넌스'를 구축하는 지방정부 최초의 실험이었다. 위의 두 시책을 청년의 발언권을 제도적으로 보장하는 참여적 시정 개혁이라고 한다면, 서울시는 정책 수립 과정의 민주적 절차 마련을 넘어 청년의 전방위적 삶을 적극적으로 재구축하고자 하는 기획으로 나아간다.

그 핵심에 '일자리의 재의미화'가 자리 잡는다. 취업난의 고통을 호소하는 청년들에게 이미 경쟁으로 포화 상태에 이른 기존 일자리로부터의 시각 전환을 통해 새로운 시대의 일자리를 발견할 수 있으며, 이러한 일자리를 발굴하고 많은 청년에게 알리고자 하는 목표는 시의 제안으로 시작된 프로젝트 '청년기획TF팀'을 통해 추진된다. 이 프로젝트는 김영경 청년명예부시장이 총괄 책임을 맡고 서울시 일자리지원과, 함께일하는재단, 하자센터, 청년유니온, 사회적기업 모티브하우스, 새로운사회를여는연구원의 대표자들이 참여해 2012년 3월 출범했다. 이는 총 24팀의 청년 당사자 그룹에서 70여 명의 청년취재단을 구성, 새로운 일의 사례들을 발굴해 '청년들에게 진정한 일의 가치와 의미를 짚어줄 수 있는 책자'를 발간하는 것을 목적으로 하고 있었다. 최종 발간된 책자인 『일, 청년을 만나다』는 일반적으로 유망한 직업들이 아니라 일상적인 분야 혹은 자신만의 재능과 관심에서 출발하는 대안적인 직업 사례 100가지를 취재해 소개하고 있다. 책자 발간 이외에도 서울시는 2012년 7월 23일, 이 프로젝트의 결과를 공개적으로 논의하는 '청년 일 대토론회: 청년에게 굿잡(Good Job)이란 무엇인가?'를 서울시청에서 개최한다.

2013년 5월 20일 발표된 '청년과 함께 만든 2013 서울시 청년일자리 종합계획'은 이전까지의 청책토론회, 청년연석회의 등 서울시와 청년의 거버넌스 흐름에서 정립된 방향성과 사업 내용을 반영하고 있다. 이 종합계획의 정책 목표는 '청년, 일을 통한 꿈의 실현'이며, 제1대 전략 과제는 청년 일자리 정책의 '기반'을 우선적으로 조성하는 것이다. 기존 청년 고용 대책이 청년 취업·창업 지원과 직업훈련 등 고용률을 높이기 위한 단기적 대책에 초점을 두고 있었다면, 2013년 서울시의 종합계획은 청년 일자리의 정책 기반과 안정적·지속적 지원을 위한 제도가 미비하고, 일자리를 넘어 주거·복지·문화 등을 포괄하는 중·장기적 청년 대책이 부재하며, 건강한 청년 일자리 조성을 위한 사회적 공감대가 형성되지 못했음을 중요하게 지적한다. 요컨대 이는 당장의 가시적 고용률을 높이는 것을 넘어 일자리를 포함한 삶의 기반이 총체적 위기에 처한 청년 세대의 생존을 보장하는 것을 우선순위에 둔 것이다. 이를 위해 당사자의 생생한 목소리가 반영된 실질적 정책의 필요성이 강조되며, 따라서 정책의 제1대 추진 전략은 '청년의 주도적 참여를 통한 정책 수립 및 집행 과정에 지속적인 참여'다. 이는 세부적으로 청년 활동에 대한 예산, 공간, 행정을 지원하되 그 과정에서 청년의 주도권을 보장하고, 기존 청책토론회를 포함해 다양한 청년과의 소통 채널을 운영하고, 청년 단체와 활동가들의 네트워크를 구축함으로써 청년들의 경험과 정보를 공유하고, 다양한 홍보·강좌·세미나 개최 등으로 청년들의 참여 기회를 확대하는 등 다양한 방식으로 가시화된다. 이제 청년은 지표상의 문제 집단이 아닌 주체적 행위자이자 삶의 자발적 기획자로서 관리되기 시작한다.

3-2

어두운 현실과 변화의 시작

청년 일자리 정책의 변화

2020년 2월 코로나 바이러스가 전 지구적인 팬데믹으로 확산됐다. 이에 따라 청년 일자리의 위기가 찾아왔는데 이는 과거에도 있었다. 1997년 IMF 외환위기, 2008년 글로벌 금융위기를 맞았고, 현재 코로나19 팬데믹을 마주하고 있다. 우연치 않게 모두 10년 주기다. 그러므로 과거의 일자리 정책을 살펴보고 정책을 업그레이드해야 한다.

IMF 외환위기 당시 정부는 직접 일자리 정책과 간접 일자리 정책을 추진했다. 직접 일자리 정책으로는 공공근로, 직업훈련 및 취업 알선, 실업자 생활 안정에 5년간 약 26조 원을 투입해 노동시장의 안정화와 취약계층 소득 보전에 어느 정도 성공했다는 평가를 받았다. 그러나 세금이라는 유한 자원 속에서 지속적인 재정 투입에는 한계가 있었다. 마찬가지로 간접 일자리도 혁신 클러스터 조성이나 벤처 창업 촉진을 기반으로 기업을 육성하고 자금 지원을 통해 기업이 일자리를 창출할 수 있게 했다.

2009년 글로벌 금융위기 때도 직접 일자리 정책인 중소기업 인턴제, 사회서비스 일자리 사업을 통해 3년간 약 6조 원을 투입함으로써 청년 고용 위기에 대응했지만, 지속 가능성에 대한 고민은 여전히 남았다. 간접 일자리 정책으로는 미국 실리콘밸리를 벤치마킹해 벤처 생태계 조성 정책을 추진했다. 현재 시가총액 1조 원이 넘는 스타트업인 '유니콘'으로 성장한 기업이 많은데, 플랫폼 비즈니스가 이때부터 본격적으로 도래했다고 볼 수 있다. 팬데믹 연쇄 효과를 방지하기 위한 청년 일자리 정책은 청년 고용절벽과 소득 감소, 일상이 붕괴된 부분을 회복하고 안정화하는 데 어느 정도 이바지했다고 평가받는다.

코로나19 시대 청년 실업 현황

코로나19 시대에 가장 큰 화두는 '코로나 블루'다. 코로나 블루는 코로나19에 대한 우울감으로 서울시청년활동지원센터의 '코로나19와 청년'(2020.12) 조사 자료에 따르면 응답자 총 2,000여 명 중 46% 정도가 코로나 블루라고 응답했다. 코로나 블루의 증상으로는 무기력증, 우울과 불안감, 부정적 사고가 큰 비중을 차지한다. 단순히 우울한 감정을 넘어, 팬데믹 이후 외부 활동이 원활하지 않는 데다 사람을 만나 대면하는 일이 어려워진 것이 문제의 핵심이다. 청년은 다양한 부류의 사람들을 만나야 함에도 그러지 못하고 있다. 실제 보건복지부의 '코로나19 국민정신건강실태조사'(2021.7)에 따르면 20대의 행복 만족도는 10점 만점에 5.67점에 그쳤다. 20대의 17.5%는 '자살을 생각해봤다', 24.3%는 '우울하다', 43.1%는 '코로나19로 인해 인맥이 줄어들었다'라고 답하기도 했다.

일자리 문제는 단순히 심리적 문제를 넘어 현실이 됐다. 서울시청년활동지원센터의 '코로나19에 따른 청년층 이행 경로 영향 연구'(2021.2)에 따르면 응답자의 약 52.9%가 '타의로 실직을 경험했다'고 답했다. 세부적으로 그 이유를 보면, '권고사직'이 15.2%, '비자발적 해고'가 15.9%, '계약 기간 만료'가 21.8%에 이르렀다. 또한 응답자의 87.4%는 구직과 관련된 부정적 경험을 보유하고 있었다. '채용 일정의 연기 및 축소'가 56.4%, '기업의 채용 감축 체감'은 64.8%, '아르바이트 등 소득기회 감소 체감'은 79%로 가장 높았다. 이런 기회의 감소로 인해 취업에 대한 진입장벽이 더 높아졌고, 구직 관련 비용에 대한 부담까지 증가했다는 응답이 63.4%나 된 것을 알 수 있다. 또한 코로나19 때문에 경기가 안 좋아지면서 '창업 계획에 차질이 생겨 지연되고 있다'도 절반이 넘는 56.5%가 응답했다.

암울한 통계자료가 끊이지 않는다. 한국경제연구원의 '청년 일자리 인식 설

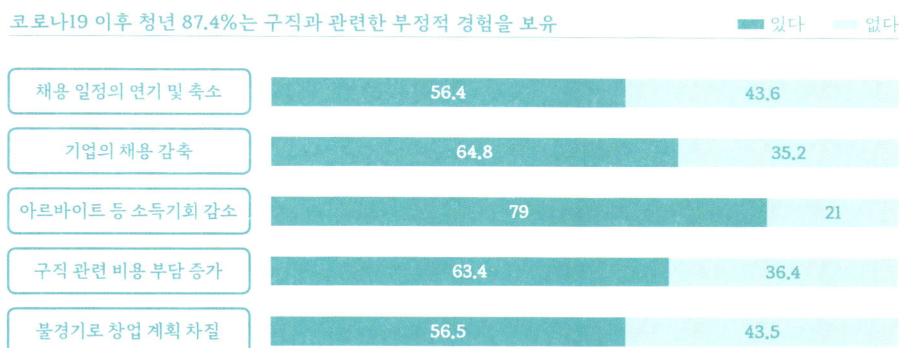

문조사'(2021.9)에 따르면 향후 청년 일자리 상황에 부정적인 답변이 많았다. '나빠질 것'이라는 응답이 62.9%로 나타났고, '원하는 직장 취업 가능성도 높지 않을 것'이라는 응답도 69.5%로 적지 않다. 바라는 최소 연봉은 3,000만~4,000만 원 사이가 40% 이상으로 제일 많은 비중을 차지했다. '평생직장이 가능한가'라는 질문에는 '불가능할 것 같다'는 답변이 65.2%에 달했다.

이런 통계자료 외에 실질적인 경제지표를 봐도 마찬가지다. 한국경제연구원이 발표한 2021년 '청년경제고통지수'는 2015년 서민경제보통지수와 소상공인경제보통지수를 개발한 한국경제연구원에서 최근 팬데믹 상황과 함께 청년이 직면한 일자리 문제를 보고 새롭게 만든 지수다. 이는 실업률과 인플레이션(물가상승률)을 합한 값이다. 취업은 안 되고 물가는 오르는 상황에서 경제적인 고통으로 체감하는 수준을 수치로 보여주는 것이다. 2015년에 22.2%였던 수치가 코로나19 팬데믹 상황을 넘어가면서 2021년에는 27.7%로 상승했다. 연령대별 근로소득 증가율이 전 세대 중 유일하게 29세 이하에서 마이너스 1.1%를 기록했고, 2015년부터 2020년까지 연령대별 순자산 증감액도 전 세대에서 유일하게 132만 원 감소했다.

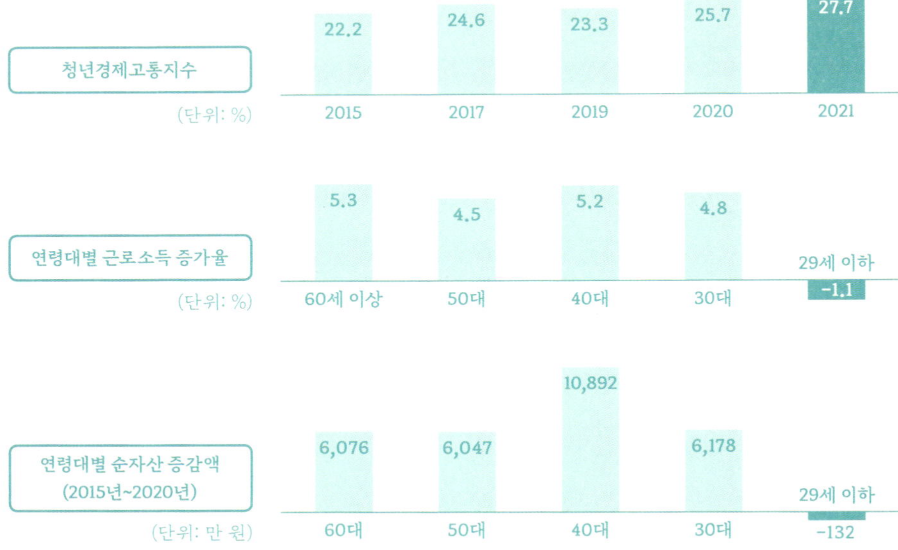

출처: '청년경제고통지수', 한국경제연구원, 2021.

심지어 2020년 5월 국제노동기구(ILO)는 '코로나19와 세계의 노동자'라는 보고서에서 "모든 것이 막혀버린 록다운 세대의 등장"이라고 언급했다. "코로나19 팬데믹은 청년층의 고용과 교육에 심각한 영향을 주고 팬데믹에 따른 주요 희생자인 청년층은 평생 이어질 상흔을 입을 수 있다"라고 경고했다. 록다운이라는 말의 의미는 모든 것이 봉쇄되거나 막혀 있거나 진입 장벽이 너무 높다는 의미다. 취업에 어려움이 있으니 당연히 소득이 부족하거나, 간헐적이거나, 혹은 아예 없어 생계에 곤란을 겪게 된다. 결국 사회참여는 물론 사회 진출도 힘들어지는 악순환이 반복되는 것이다.[1)]

이런 현실이 우리나라에 대한 부정적 인식 확산에 큰 영향을 미치고 있다. 경기연구원의 '코로나 고용절벽 극복을 위한 청년 뉴딜정책'(2021.8), 서울연구원의 '서울 청년의 불평등 인식조사'(2021.5)에 따르면 우리 사회에 대한 부정적 인식이 10점 만점에 4.63점을 받았다.

청년고용 악화는 서울뿐 아니라 전국적인 현상이다. 이를 '공채 종말의 시대'라고도 표현한다. 한 취업 포털 사이트의 자료에 따르면 2021년 기준 300여 개 기업이 하반기 전형별 채용 계획에 대한 설문을 진행했는데 '수시 채용만 진행하겠다'는 응답이 전체의 81%를 차지했고, 공개 채용은 단 6.8%만 응답했다. 팬데믹이 도래하면서 개인의 바이러스가 확산되기도 했지만, 기업 경제에 영향을 미치고 있다는 것도 명확히 드러난 사실이다. 이렇게 공채 감소의 체감이 88%나 되고, 공채 감소로 인한 불안감도 62%로 높게 나오고 있다.

청년 고용 악화에 대해 통계청 통계개발원에서 발표한 자료 '한국의 사회동향 2020'에 따르면 2020년 2월을 기준으로 20대부터 60대까지의 고용률이 하락하고 있는데, 특히 30대는 2020년 2월까지 고용률이 올라가다가 팬데믹 이후 급격하게 마이너스로 떨어진다. 20대는 지지부진한 상태에서 더 아래로 급격하게 떨어진다. 그래서 청년들은 '하향 취업'으로 눈을 돌린다. 하향 취업은 취업자의 학력이 일자리가 요구하는 학력보다 높은 경우를 의미한다. 비청년층은 코로나19와 상관없이 곡선을 일정하게 유지하고 있지만, 청년층은 하향 취업 현황 수치가 올라간다. 이런 상황을 보았을 때 일종의 '도미노 현상'을 확인할 수 있다.

또 하나의 이슈는 '불평등의 세습'이다. 가계 구조와 마찬가지로 불평등이 세습된다는 사실을 연구한 자료도 있다. 서울시청년활동지원센터의 '코로나19에

청년 고용 악화: 청년 고용절벽

2019~2020년 연령별 고용률

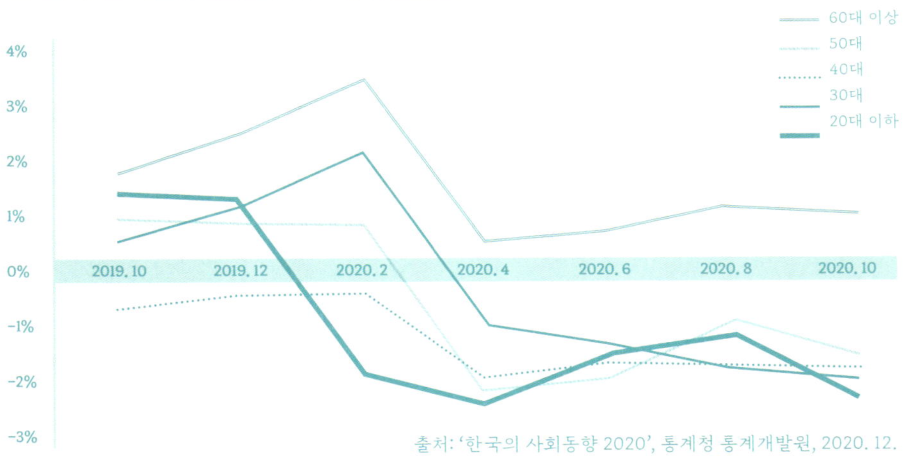

출처: '한국의 사회동향 2020', 통계청 통계개발원, 2020. 12.

따른 청년층 이행경로 영향 연구'(2021.02)와 서울연구원의 '2025 서울시 청년정책 비전과 전략'(2021.1)에 따르면 가족 체계를 이루고 있는 부모 세대와 자녀 세대 중 부모 세대의 소득 차이로 인해 교육 불평등, 고용 불평등 그리고 소득 불평등으로 악순환의 고리가 이어지고 있다고 한다. 만약 부모의 소득이 높다면 양질의 교육을 통해 좋은 직장에 가고, 그렇지 않다면 조금 덜 좋은 직장에 가는 등 점점 더 격차가 벌어지는 현실을 소득 관점으로 이야기하고 있다.

'지는 워커홀릭, 뜨는 워라밸'

최근 많은 자료에서 일과 삶의 균형을 뜻하는 'Work-life balance'의 준말인 '워라벨'에 대한 이야기를 심심치 않게 들을 수 있다. 대학내일20대 연구소의 자료

(2020.1)에 따르면 1990년대생으로 대표되는 MZ세대는 "일찍 출근해 정해진 출근 시간 전까지 업무 시작 준비를 마쳐야 한다"라는 부분에 동의하지 못한다고 35%가 답한 반면, 1970년대생들은 50% 이상 동의한다고 답했다. 마찬가지로 "야근이나 주말 근무를 해서라도 내가 맡은 일을 잘하는 것은 중요한가"라는 질문에 MZ세대는 32.5%만 맞다고 답한 반면, 1970년대생은 43%가 맞다고 답했다. 이는 시대적으로 생각의 차이가 생기기 시작했다는 것을 의미한다. 서울시의 '서울 청년실태조사 보고서'(2020.12)에 따르면 청년이 원하는 일자리 정책에 대한 질문에 45%가 '민간 기업의 고용 활성화를 위한 지원 확대', 29%가 '역량 개발 및 취업 지원 서비스 강화'와 같이 실제로 도움 되는 취업 서비스를 요청했다. 그리고 24%는 '공공 부문의 고용 창출 확대'라고 답했다. 이는 안정적인 일자리를 원하기 때문인 것으로 보인다.

현재 청년추가고용장려금이나 취업성공패키지, 서울일자리카페, 서울형 뉴딜일자리, 지역주도형 청년 일자리 등 고용노동부·서울특별시·행정안전부와 같은 정부나 지자체에서 다양한 일자리 정책을 펼치고 있다. 주요 성과로는 청년에게 재정적 지원을 통해 경제적 기반을 마련해주고, 청년 특화 일자리에 대한 정보를 제공하며, 취약계층에 있는 청년의 일자리를 지원하고 자립 기반을 만들어주는 데 기여한 부분이 있다. 그러나 여전히 수혜 대상이 적다는 점과 실효성에 대한 부분, 고품질 교육, 실질적 취업 연계 등을 위해서는 민간 서비스에 의존해야 한다는 점이 한계로 드러나고 있다.[2)]

해외의 일자리 정책도 비슷하다. 영국은 청년 단기 일자리에 3조 1,000억 원이 넘는 약 20억 파운드를 투입해 단기 일자리를 창출하고 있지만 지속 가능성에 대한 고민이 있고, 오스트리아는 공공기관 외에 일자리를 계속 유지하기 위해 급여의 최대 90%까지 지원하는 현금 정책을 펼치고 있다. 덴마크 정부는 근로자 해고 금지 정책과 급여의 25%를 기업에 지원하고 있다. 독일은 소기업이나 프리랜서, 영세기업에 직접 자금을 지원하며 고용 안정화를 위해 단축 근무제를 도입하고 있다. 이런 정책들은 모두 국내에서 시행하고 있는 정책과 유사하다. 결론적으로 지금까지의 재정정책 외에도 일자리에 대한 인식 전환이나 새로운 해법이 필요하다고 볼 수 있다.

코로나19로 인한 긱 이코노미와 프리랜서의 증가

최근 프리랜서가 심심치 않게 등장한다. 2018년 4월 서울시에서 '서울에서 프리랜서로 살아가기'라는 정책토론회가 열렸다. 그 이후에 다양한 자료가 발표되었고 관련 논의가 진행됐다. 2018년 8월에는 서울시의회가 전국 지자체 중 최초로 「프리랜서 조례」를 제정하고, 업종별 표준계약서 도입을 시도했다. 지자체 차원에서의 융자지원과 은행사와의 협력을 통한 대출이자 지원 같은 금융적인 지원까지 하고 있다. 최근에는 프리랜서를 대상으로 무료 세무 상담도 시작했다.

프리랜서는 '인디펜던트 워커', '인디워커', '프리워커' 등 다양한 이름으로 불린다. 해당 논의를 가장 많이 진행해온 미국에서는 인디펜던트 워커라는 명칭을 주로 사용하는데, 어디에도 소속돼 있지 않은 상태에서 개인의 기술과 능력 혹은 리소스로 프로젝트 혹은 기관별 계약을 통해 일하는 유연하고 독립적인 노동주체를 말한다. 그중에서 우리가 흔히 아는 프리랜서, 플랫폼 노동자 그리고 창작자를 인디펜던트 워커라는 범주에 포함할 수 있는데, 이들이 만들어낸 경제를 크게는 '긱 이코노믹', 작게는 '플랫폼 이코노미'라고 부른다.

인디펜던트 워커는 전 세계적으로 이미 노동인구의 과반을 향해 가고 있는 추세다. 특히 미국의 취업 포털 인디드사의 통계자료에 따르면 2008~2009년도 글로벌 금융위기에 폭발적으로 증가했는데, 2017년엔 전체 35%에서 2020년엔 43%로 절반 가까이 차지하게 됐다. 그리고 코로나19로 인한 팬데믹 이후 인디펜던트 워커는 점차 증가하는 추세다.

첫 번째 이유는 경제와 산업의 변화다. 앞선 통계자료와 같이 코로나19로 전반적인 실업률이 상승했고, 많은 기업이 채용을 줄이고 있다. 자연스럽게 새로운 일자리 창출의 기회는 감소한다. 기존의 기업도 재택근무를 장려하거나 유지하면서 노동시장이 점차 유연해지고 있다.

두 번째는 제도 및 환경의 변화다. 한국뿐 아니라 미국에서도 프리랜서를 위한 코로나19 지원금 혹은 프리랜서를 대상으로 하는 정책 패키지가 등장하고 있다. 서울시도 지난해 특수형태 고용근로자와 프리랜서를 위해 50만 원가량의 현금을 지급했다. 코로나19 이전엔 프리랜서를 위한 혜택이나 정책이 거의 없었는데, 이번 팬데믹을 겪으면서 인디펜던트 워커도 노동체계 아래 보호되고 지원받을 수 있도록 개편되고 있는 추세다.

세 번째는 일의 방식과 개인의 가치 변화다. 팬데믹 기간 동안 많은 이들이 재택근무나 리모트 워크(remote work)를 경험했다. 일과 일상생활의 중심이 집과 내 주변 환경으로 옮겨진 것이다. 이러한 이유로 많은 사람이 포스트코로나 시대에 인디펜던트 워커로 변신, 일의 방식을 단번에 바꾸기보다는 유연근무(flexible working)나 일의 유연한 시프팅(shifting)을 추구하게 될 것이다. 기존 일자리를 유지하며 독립노동을 병행하거나, 기존 일을 잠깐 그만두고 좀 더 자신의 삶에 집중하면서 독립노동만으로 밥벌이를 하거나, 아니면 새로운 일자리를 얻는 등 단순히 한 가지 일의 방식만 고수하는 게 아니라 지속적으로 자신을 위해 일의 형태에 변화를 주는, 이른바 유연근무가 점점 퍼져나가야 더 많은 청년이 다양한 일의 방식을 순환적으로 경험해볼 것이라고 예측한다.[3] 실제 "어차피 회사에서 열심히 일해도 서울이나 어디든 집을 사기가 힘들다. 이왕 집을 못 살 거면 좀 더 나 자신을 위한 자유로운 성장, 아니면 좀 더 만족스러운 라이프스타일을 위해 일의 방식을 변화해볼까"라는 인식이 많아졌다는 통계도 심심치 않게 볼 수 있다.

프리랜서, 플랫폼 노동자 등을 포함한 인디펜던트 워커가 임시가 아닌 앞으로의 일과 업의 방식 중 하나라는 인식이 높아진다면 서울시는 이를 위한 정책을 준비해야 한다. 다양한 유형과 숫자에 관한 데이터를 지속적으로 확보하고 이를 바탕으로 정책을 만들어야 한다. 또한 독립적으로 일하기 시작할 때 챙겨야 할 부분에 대한 교육, 프로그램 연계나 다양한 영역에서 활동하는 독립노동자에 대한 사례를 소개하고 관련 정보를 전달해야 한다. 또한 지금 서울시에서 진행하고 있는 세무상담이나 융자, 대출이자 지원 같은 정책은 단발성 지원금 형태에서 벗어나 점차 확대되어야 한다. 끝으로 일자리와 실업에 대한 기본적인 프레임의 전환이 필요한 시기다. 이를 위해 노동자로서 포섭할 수 있는 범위를 넓혀야 한다. 현재는 단순히 고용된 상태의 노동자가 아니라 프리랜서, 특수고용노동자, 플랫폼 노동자 이 세 계층을 정규직 노동자나 창업가 외의 노동자로 범주화해 정책이나 관련 활동을 하고 있는데, 인디펜던트 워커라고 할 수 있는 사람들, 의도적으로 1인 사업자를 유지하는 초소형 사업체, 그리고 플랫폼 노동자 내에서도 웹툰 작가나 웹소설 작가 같은 창의 노동자가 있고, 가사 노동자라든가 대리 노동처럼 노동자로 포섭할 수 있지만 긱 이코노미가 발현됨에 따라 노동자로 포섭되지 못하고 사업자로 밀려난 계층이 있다. 이렇게 좀 더 구체적으로 다양한 노동계층을 분석하고, 일자리의 상상력을 확대할 필요가 있다(이다혜, 2021).

청년 실업이라고 하면 마치 취직하지 않는 모든 청년을 전부 실업 인구로 판단해버리는 경향이 있다. 독립적이고 유연하게 일하는 인디펜던트 워커가 늘어날수록, 청년 실업 문제의 당사자들이 조금 더 다양한 시도를 할 수 있을 것이다.

1. 이원태, '내일을 위한 내 일', 포스트코로나 시대 청년실업문제 해결을 위한 연속포럼, 2021년 9월 29일
2. 이원태, 이하 동일
3. 정재석, '내일을 위한 내 일', 포스트코로나 시대 청년실업문제 해결을 위한 연속포럼, 2021년 9월 29일

3-3

토론

서울시 청년 일자리 정책의 방향

좌장

김인제 의원(서울시의회 기획경제위원회)

발제

김원태 전략추진실장(함께일하는재단)

정재석 대표(프리랜서네트워크)

토론자

김장길 연구부교수(서울대학교 공과대학)

방대욱 대표(재단법인 다음세대재단)

이다혜 편집장(『프리낫프리』 매거진)

김인제_ 포스트코로나 시대 청년 실업 문제 해결을 위한 연속 포럼 '내일을 위한 내일'의 토론에 좌장을 맡게 되었는데요, 사회적 통계를 보면 청년 3명 중 1명은 실업 상태입니다. 특히 세계노동기구(ILO)에서 발표한 보고서를 보면 코로나19 시대의 가장 큰 사회적 피해 계층이 청년 세대로, 정말 모든 것이 막혀버린 세대라는 의미에서 '록다운 세대'라고 부르고 있습니다. 서울시는 코로나19로 인해 다양한 어려움을 겪고 있는 계층 중 팬데믹 시대에 가장 취약한 우리 청년 세대들이 체감할 수 있는 현실적인 일자리 정책을 만들 수 있을까라는 고민에서 오늘 토론회를 준비했습니다.

2020년 기준으로 전체 우리나라 인구의 35%가 MZ세대라고 합니다. 다양성을 굉장히 중요시하고 여가를 즐기며 현실성에서 윤리적 가치를 중심적으로 판단하는 세대죠. 경제활동에서도 이전에 가지고 있는 가치관의 자아실현보다는 좀 더 재미있게 열정적으로 일할 수 있는 구조에 더 많은 매력을 느끼는 세대입니다. 그러나 팬데믹이라는 상황에서, 청년들이 꽉 막힌 담처럼 그것을 돌파할 수 있는 해결책이 세대적·시대적으로 어려운 환경이기 때문에 이것을 어떻게 극복할 수 있는지에 대해, 학계 시민단체와 관련 연구자들 그리고 무엇보다 당사자인 청년들의 실제 모습에서 발견되는 여러 가지 문제점과 개선 사항을 공론화하겠습니다.

김장길_ 안녕하세요. 김장길입니다. 사실 코로나19 시대에 가장 크게 달라진 점은 더 이상 예전처럼 생활하기 힘들어졌다는 거예요. 실제로 코로나19로 인해 생긴 가장 큰 변화는 일상도, 업무도 비대면으로 이루어지는 일이 많다는 겁니다. 비대면 중심의 사회가 도래하면서 우리가 기존에 지녔던 생활습관을 다 바꿔야 했죠. 그런데 지금 이 상황을 어떻게 타개하고 극복할 것인가에 대해 고민하기 전에 어떻게 보면 그냥 바뀐 세상에 계속 적응해나가고 있는 게 아닌가 하는 생각이 듭니다. 극복이라는 말이 나오려면 적어도 코로나19 상황이 어떤 식으로든 종식되어야 하는데 아직 거리 두기 4단계가 지속되고 있는 상황이고, 백신 접종이 완료되고 위드 코로나 시대가 되면 사회가 어떤 식으로 변화할지 모르겠습니다.

우리가 청년 실업 문제를 이야기하는데, 꼭 지금만 심각한 문제는 아니었거든요. 지난 10년간 청년 실업률은 지속적으로 증가했고 과거에는 전체적인 경제 침체나 산업구조의 변화 쪽으로 문제가 됐다면 포스트코로나 시대의 실업률 증가는 굉장히 다른 양상을 보입니다. 예를 들어 비대면 환경이 많아지고 실제 매장을 찾는 고객이 적어지니까 비대면 키오스크를 도입하기 시작했습니다. 이제는 팬데믹이 끝난다고 하더라도 키오스크를 치우고 그 안에 일할 수 있는 직원을 들이는 상황은 안 올 것이라는 얘기죠. 생각보다 이런 종류의 큰 변혁 자체가 청년 실업률을 높이는 상황이 되고, 그런 상황이 반복되면서 점점 더 살기 어려워진다는 거죠.

그런데 실제로 갈 길이 먼 상황이에요. 예를 들어 프리랜서 같은 경우도 하나

이원태 함께일하는재단 전략추진실장

의 흐름이라고 이야기하지만 프리랜서의 태생적 한계가 '내 몸이 아프면 돈을 벌 수 없다'입니다. 일단 몸이 아파서 무엇인가를 못 하면 경제활동이 불가능하죠. 그러면 그 시간 동안 아무것도 못하게 되는 거예요. 서울시 입장에서 프리랜서가 계속 생겨나고 그들이 안정적인 생활을 추구할 수 있는 환경을 만들어주고 싶다면 근본적으로 1인 창조 기업처럼 독자적으로 활동하는 프리랜서라고 하더라도, 그들이 안정적인 생활을 할 수 있도록 만들어주는 법제적 장치가 필요해요. 앞으로 이런 흐름을 주의 깊에 관찰하면서 눈에 보이는 세세한 부분들을 보완해 나가야 하지 않을까 생각합니다.

방대욱_ 앞서 김장길 교수님께서 말씀하셨듯 저는 청년 실업에 대해 조금 다른 생각이 있는데요, 코로나19 이전과 이후가 분명 달라질 것 같기는 한데, 실제 코로나19는 우리가 이미 알고 있던 것과 아직 실천하지 않은 것 사이의 간극을 확인해주고 있습니다. 예전에 없었던 문제가 발생할 수도 있지만, 또 한편에서는 있었던 문제가 더 극명하게 드러나는 현상들도 보이고 있습니다.

어떻게 보면 사회경제적 측면에서 실제 고용 없는 성장이 가능해진 세상이 펼쳐지고 있고, 또 한편에서는 기술과 자본, 아이디어가 결합하면서 플랫폼 제국이 인간을 지배하고 있는 현실 속에서 노동업무는 플랫폼화될 수밖에 없습니다. 더구나 대면이 불가능한 상황이 연출되다 보니 기계가 사람을 대신하는 것을 자연스럽게 받아들이게 되기도 하고요. 『21세기 자본론』을 쓴 토마 피케티가 이야기했듯, 다수의 노동을 통해 분배되던 부가 점점 줄어들고, 소수의 자본에 의해 집중되는 부가 점점 늘어나는 현상에 청년 일자리 문제가 결합되어 있기 때문에 정말 난제 중 난제입니다.

제러미 리프킨이 1996년에 쓴 『노동의 종말』은 앞으로 모든 기계가 인간을 대신하게 될 것이라는 주제였기에 당시에는 현실감이 떨어진다는 평가를 받았는데, 지금 그 책을 읽어보면 무척 현실적으로 다가옵니다. 이제까지 노동은 어찌 보면 본인들의 삶을 영위하는 수단일 뿐 본인 삶의 가치를 만들어내는 건 아니었고, 사람들이 노동에서 해방되어 사회적 자본과 사회적 일자리 부분에서 새로운 사회적 가치를 만들어가는 쪽에 많은 사람이 이동해야 하고 사회적 일자리가 많이 늘어나야 한다는 내용이 담겨 있거든요. 제가 이 이야기를 왜 하느냐면 코로나19 시대에 우리가 겪고 있는 '다행이랄 수 없는 다행'이 한 가지 있는데, 한 명 한 명 각자가 얼마나 소중한 존재고, 건강함이 이 사회에서 얼마나 중요한 것인지에 대해 사람들이 스스로 깨닫고 있다는 거죠.

그런 차원에서 청년의 일자리 문제나 여러 가지 사회문제를 해결할 수 있는, 사회적인 활동이 가능한 그룹에 대한 새로운 창직 활동이 필요하다고 봅니다. 그래서 다음세대재단에서는 2~3년 전부터 비영리 스타트업을 육성하는 일에 집중하고 있습니다. 청년들이 사회문제를 스스로 비영리적으로 풀어나갈 수 있는 길을 열어주고, 사회적으로 필요한 일이라면 사회가 가능하게 해야 한다는 사회적 자본의 역할을 수행하고 있다고 생각합니다. 또 한편에서는 '니트생활자'라고 불리는 무업 기간에 있는 청년을 위해 서비스하는 기업도 인큐베이팅하고 있습니다. 그래서 우리는 새로운 일자리가 자본에 의존적인 일자리가 아닌, 비자본적이고 사회적인 그리고 비영리적인 일자리를 창출하는 데도 서울시가 조금 더 신경 써야 하지 않을까 생각해봅니다.

이다혜_ 실업이나 일자리 정책이라는 단어를 들을 때마다 제가 느끼는 한계는 결국 일자리라는 기준 자체를 기존 제조업 중심의 일자리로 바라본, 말 그대로 정규직 일자리에만 한정 짓고 있다는 점입니다. 출판업은 출판사의 70%가 5인 이하 사업장입니다. 출판계는 프리랜서 기반의 외주 노동 시스템이 안정화 되어 있기 때문에 소규모 회사로도 산업적 가치를 창출할 수 있는 것이죠. 이처럼 IT 서비스나 콘텐츠 산업은 이미 외주 노동을 기반으로 돌아가고 있습니다. 그래서 정규직 노동자뿐 아니라 그 이상의 프리랜서 노동자가 산업 현장에서 일하고 있습니다. 이런 과정에서 프리랜서 노동자는 실업의 범주에 들어가거든요.

저는 중소기업에서 일했고, 현재 프리랜서로 일하고 있습니다. 노동의 최저선이 정말로 좋지 않다는 것을 실감하고 있고, 제 주변에 일부 복지가 좋은 회사 외에는 노동의 최저선이 굉장히 낮은 상태로 일하고 있습니다. 그렇기 때문에 앞서 발제하신 분의 이야기처럼 "이럴 거라면 내가 돈을 위해 노동을 하는 게 아니라 내 꿈을 찾아가겠다"거나 아니면 "어쨌든 노동의 최저선을 지켜주는 공직으로 가겠다"라는 두 갈래로 나뉘는 거죠. 노동의 최저선을 나눠보면 단가, 임금이 있겠죠. 프리랜서 같은 경우에도, 저는 글을 쓰는 작가인데 글값이 20년째 똑같습니다. 그림도 마찬가지고, 사진도 마찬가지죠. 그 외 기타 프리랜서의 노동 단가가 고정되어 있는데, 그 이유는 착취의 낙수 효과가 있기 때문입니다. 실제 일을 하다 보면 전체적으로 이 일을 주는 원청에서 말도 안 되는 예산으로 일을 맡기고, 이 예산을 조금씩 쪼개서 에이전시에서 가져가고, 프리랜서가 가장 마지막에 받는 구조예요. 결국 저임금 과노동을 하는 상황에 빠지게 되는 것이죠. 불공정거래도 상당히 많습니다. 저작권을 침해한다든가 계약서를 써주지 않든가 하는 식으로요. 서울시 통계자료에 따르면 표준계약서를 바탕으로 일을 하는 비율은 40%가 되지 않습니다. 그리고 인권침해, 성희롱이나 성폭행, 임금 체불 부분에 대해 프리랜서는 기본적으로 노동자로 취급받지 못하기 때문에 권리를 주장하거나 보호받을 수 있는 기관이 존재하지 않고 결국 모든 피해를 스스로 감당하게 됩니다.

마지막으로 프리랜서와 함께 일하는 실무자들이 프리랜서의 노동 방식에 대한 이해도가 굉장히 낮습니다. 프리랜서를 그냥 아르바이트 직원처럼 생각한다든가 일용직노동자로 생각하기 때문에, 갑질을 한다든가 어떻게 협업을 해야 하는지 모른다든가 이런 문제들이 산재해 있어서 아무리 프리랜서가 능력이 있어도, 결국에는 불리한 상황에서 일하게 되는 부분이 있거든요. 그래서 전체적으로 노동의 최저선을 어떻게 높일 수 있을 것인가에 대한 논의가 필요하다고 생각합니다.

추가로 예술인 고용보험을 말씀드리고 싶은데요, 예술인 고용보험 같은 경우 표준계약서를 기반으로 계약하고 3개월 이상 50만 원 이상을 받았을 때 가능한데, 실제로 예술인 프리랜서 중에 고용보험에 가입할 수 있느냐가 문제예요. 실제 표준계약서를 가지고 계약하고 있느냐에 대한 문제의식 없이 진행된다면 허울뿐인 제도가 될 수밖에 없습니다. 따라서 프리랜서가 실제로 어떻게 노동하고 있는지, 그 노동시장의 문제가 무엇인지를 분석해서 의미 있는 정책과 제도를 마련해야 하는 시점이라고 생각합니다.

정재석_ 2008~2011년 당시 뉴욕에서는 '프리랜서 유니온'이라는 비영리 단체가 활발하게 활동하고 있었어요. 이 단체는 뉴욕시라든지 이런 지자체와 함께 프리랜서들과 관련된 실질적이고 강제성을 띠는 조례도 만들었고, 고용보험같이 사람들이 일하면서 안전함을 느낄 수 있는 장치를 만들었어요. 부당계약과 같은 부당한 일을 당했을 때 이를 고발해 벌금을 물게 하거나, 프리랜서로 일하고 돈을 떼였을 때 받아낼 법적 장치가 마련되고 있는 상황이죠.

우리나라에서 제대로 된 프리랜서는 1인 개인 사업자예요. 그런데 해외 친구나 저랑 같이 일을 하는 동료들이 "한국에서는 프리랜서로 제대로 일하려면 사업자를 내야 해"라고 말하면 웃더라고요. 왜냐하면 프리랜서는 사업자 형태로 일하는 게 아니라, 말 그대로 어디에 속하지 않고 개인 차원에서 자기가 일하는 것에 대해, 프리랜서로 일한 프로젝트 같은 것에 대해 세금을 부과하고 부과받으면서 활동하는 것이거든요.

우리나라는 사실 프리랜서에 대한 세금이 따로 없어요. 최근 국세청에서도 그렇고 프리랜서 세금이라고 하는 단어를 붙이면서 이런 것들에 대해 이야기하는데, 사실 기본적인 세금 체계부터 프리랜서나 혼자서 일을 하는 사람들이 임시직으로 인정받을 수밖에 없는 상황이 만들어지고 있죠. 과연 우리나라에서도 이런 사람들이 제대로 된 직업으로 혹은 일하는 사람으로 인정받을 수 있을까라는 것에 의문이 들어요.

비단 미국뿐 아니라 유럽에서도 마찬가지로 극명한 수치를 확인할 수 있어요. 미국의 유명 언론지나 미디어에서는 2022~2023년에 인디펜던트 워커로 일을 해보거나, 하고 있거나, 앞으로 할 사람들에 대한 숫자가 전체 노동인구의 과반수를 넘을 것이라고 전망해요. 전반적인 노동 체계라든지 관련 시스템에 대해 한번 되짚어 보고 재구성해야 하지 않나 생각도 합니다.

정재석 프리랜서네트워크 대표

이다혜_ 미국 같은 경우에는 2017년 뉴욕시가 처음으로 프리랜서 권익보호조례안을 시행했고, 여러 가지 항목 중에 가장 고무적이었던 것은 뉴욕시 소비자보호국의 근로정책기준실에서 프리랜서들이 법정 소송을 준비할 수 있게 내비게이션 프로그램을 운영했고, 실제 이 프로그램을 통해 민원을 받아 체불 임금 250만 달러를 받았다는 사례도 있다는 것입니다. 지난해에는 캘리포니아 ABO법이라고 해서 플랫폼 노동자를 보호하기 위한 법으로 시작했지만, 노동자가 누구인가를 되묻는 법이 시행되고 있어요. 국내에서 근로자성을 인정받기 위해서는 프리랜서 노동자가 직접 입증을 해야 하는데, 캘리포니아 ABO법에 따르면 세 가지 기준을 모두 충족하지 않으면 기본적으로 노동자로 보기 때문에 노동자가 아님을 입증하려면 사용자가 입증해야 하는 방식으로 입증 책임이 전가된 거죠.

즉 노동자의 범위를 확대해서 보겠다는 것을 의미합니다. 벨기에에서 시작한 스마트협동조합이라는 사회적협동조합은 유럽을 중심으로 수많은 프리랜서가 협동조합의 조합원으로서 대학부터 모든 일하는 과정에서 지원을 받을 수 있고요. 실제 국내에서도 사회적협동조합 개념으로 문제를 해결하고자 하는 시도가 있습니다. 올해 초 대구에서는 대구문화예술프리랜서협동조합이 출범했습니다. 프리랜서 협동조합의 새로운 모델로, 사업자와 노동자 중간의 협동조합으로서 문제를 해결하고자 하는 시도들이 이루어지고 있습니다.

김인제_ 우리 서울시에서도 프리랜서 표준계약서를 조례로 정하고 그 범주 내에서 프리랜서의 권익을 보호하기 위해 노력하고 있는데, 미국과 해외 사례를 보면 권익보호 관련 조례까지 제정되어 지자체 차원에서 프리랜서가 하나의 직군 영역에서 조금 더 노동 시스템의 안정된 일자리로서 지위를 얻어가고 있다는 게 우리한테 큰 가르침이 될 수 있을 것 같습니다. 인디펜던트 워커들이 노동 시스템을 통해 보호받고 지원받을 수 있는 다양한 정책이 공론의 장에서 활발하게 논의되었으면 하는

김인제 서울시의회 기획경제위원회 의원

바람이 있습니다.

마지막으로 재택근무가 현실화되고, 코로나19 이후에도 재택근무가 상시로 이루어져 미래 노동시장이 변화한다고 했을 때, 우리 질문자님의 걱정은 해고가 더 자유롭게 될 소지가 있지 않겠나. 그래서 노동시장에 대한 법적·제도적 보완이 이 포스트코로나 시대에 조금 더 마련되어야 하지 않느냐는 질문을 해주셨는데요, 김장길 교수님 답변 가능하실까요?

김장길_ 네. 저는 간단하게 의견만 말씀드리겠습니다. 사실 우리가 이런 사회의 흐름이나 어떤 일이 일어날 것인지에 대해 예상할 때, 어떤 시야를 가질 필요가 있느냐 하면 심적으로 우려하는 상황과 그 일을 주도하는 주체의 입장이나 상황을 분리해볼 필요가 있어요. 지금 고민하는 것은 포스트코로나 시대에 대비해 생활 패턴이 변화될 것이고, 거기에 맞게 여러 가지 법제적인 부분도 바뀔 것이라고 이야기하고 있는데요, 어떻게 보면 해고가 더 쉬워지지 않느냐고 하는 것은 코로나19 때문이 아니고 정책이나 법제가 그렇게 만들어져야 해고가 쉬워지는 거거든요. 지금 5인 이하 사업장은 어떻게 해야 하고, 5인 이상 사업장이 되면 반드시 한 달 이내에 고지해야 하는 굉장히 많은 노동 이슈가 있습니다. 일반 계약직이라고 하더라도 4대 보험이 있고 5인 이상의 정규직이 들어가면 그런 문제가 생기는데, 그 법제가 유지된다면 해고가 쉬워지지는 않아요. 게다가 어차피 그 상황에서 편하게 하자고 마음대로 해고하면 노동청에 고소하면 되기 때문에 그런 문제가 안 생기고요. 오히려 프리랜서 활동을 하다 보면 어떤 입장에서는 해고가 쉬워진다는 표현은 부적절한 것 같고요. 좀 더 자유롭고 편안하게 일하기 위해 일을 그만두었다가 다시 하는 것이 더 자유롭도록 법제적 제도가 나올 수 있거든요.

예를 들어 일을 관둘 때도 한 달 전에 고지해야 하고, 인수인계해야 하는 문제가 있잖아요. 그런 이슈들에 맞춰 제도가 바뀌게 되었을 때 거기에 맞춰 다시 변화하는 부분이 있을 거라는 얘기죠. 이것은 이런 일이 생기지 않을까 하는 우려보다는 방금 얘기한 요소들이 서로 합쳐져서 모든 사람이 최대한도로 불의의 피해를 보지 않는 상황을 어떻게 만들어갈까는 계속 고민해야 하는 부분이라고 생각하고요. 다만 여기에서 질문하신 것처럼 그런 일이 생기지 않을까라고 하는 것은, 개인적 생각으로는 현재 시점에서 사회가 바뀐다고 그 일이 생긴다기보다는 제도적 문제인 만큼 추이를 지켜봐야 할 필요가 있다는 말씀을 드리고 싶습니다.

김인제_ 마지막 질문으로는 굉장히 현실적인 질문을 하셨는데요, "저도 프리랜서 독립노동자로 살아가고 싶은데 이러한 워커들을 위한 교육과 리서치가 중요하다고 하셨습니다. 어떤 방식으로 제가 시작해야 할지 모르겠습니다. 실질적인 첫 출발을 위한 행동으로 어떤 것이 선행되어야 할까요?"입니다.

정재석_ 저의 주변에 있는 동생들이나 후배들이 그런 질문을 할 때 이렇게 얘기해요. 본인 스스로가 무엇을 할 줄 알고, 어떤 일들을 얼마나 감당할 수 있고, 자신의 업무 스타일은 어떤지, 이런 것들을 본인이 스스로 잘 판단하는 방법을 알아야 해요. 본인이 학교에서 이제 막 나왔거나 일반적인 회사 생활을 하다가 그만둔 경우 혹은 아직 재직 중인 경우라면 놓치고 있는 경우가 많거든요. 내 능력은 어디까지인지, 내가 실질적으로 잘하고 좋아하는 일이 무엇인지를 파악하는 일이 선행되어야지 내가 좀 더 단단하게 나한테 맞는 일을 찾아가면서 사람들한테 내가 이거 할 수 있으니까 이런 일을 시켜달라고 말할 수 있을 것 같아요. 그래서 그런 것들을 준비하고 스스로 알아보는 게 중요하지 않을까 싶어요.

4

청년을 위한
내일의 일자리

생산과 소비의 변화는 시장의 변화를 의미하고,
시장과 사회의 관계 변화 그리고 시장과 사회 안에서
우리가 하는 일들, 일자리의 변화가 필연적으로 동반된다.
결국 거대한 사회문제, 코로나19로 일어난 사회문제에 대한
대응은 많은 변화를 일으키고 있다.

4-1

교육과 정책을 통한 내일의 모색

일자리 불균형의 문제

청년 실업 문제는 서울과 수도권뿐 아니라 전 국가적인 상황이다. 특성이 있다면 지역으로 갈수록 고용의 양은 양호하지만 질은 나쁘다. 청년에 대한 고용률, 실업률은 양적 지표적인 측면에서 보여주지만 고용보험 가입률, 비정규직 대비 임금 수준으로 보면 지역은 너무나도 열악한 상황이다.

게다가 지역에서는 인구 소멸이나 지방도시 소멸에 대한 위협까지 크다. 서울은 많은 청년층이 유입되는 반면, 지역은 그렇지 않다. 특히 인구소멸지수가 5단계까지 올라가 있는 도시는 그 문제가 심각하다. 그러다 보니 청년 인구를 끌어들이기 위해 여러 가지 정책 사업도 펼쳐지고 있는데, 대표적으로 행정안전부에서 진행 중인 '지역 주도형 일자리 사업'이 있다. 이는 제조업 중심의 일자리 창출 전략의 한계점이 너무 크다는 방증이다. 최근 화제가 된 현대자동차 캐스퍼의 경우 '광주형 일자리' 사업으로 기업이 낮은 임금으로 근로자를 고용하는 대신, 정부와 지방자치단체가 주거, 복지, 보육 시설 등의 복리·후생 비용 지원을 통해 보전한다는 일자리 창출 사업이다. 그러나 대규모 설비 투자는 물론 많은 기술과 인력이 필요하므로 이를 실행할 수 있는 곳은 한정적이다. 산업구조가 개편되면 대량 실업의 위기에 직면할 수도 있다. 이렇게 일자리의 양적 지표 중심에 초점을 맞추는 '직접 일자리 정책'은 대부분 단기간 근로로 인턴 비용 일부를 지원하는 방식이다. 이는 다시 실업으로 이어져 직무 적성이나 숙련도가 향상되지 않는 한계가 있다.

직업훈련과 교육을 통한 일자리

결국 직접 일자리 지원과 같은 단기간의 해법보다는 '직업훈련'과 '교육'이 중요해진다. 그러나 문제가 많다. 창업 지원의 관점에서 보면, 현재 정책은 일정 시간을 이수한 뒤 창업하면 보조금을 지급하는 방식이 대부분이다. 이는 그 시간에 너무 목매야 한다는 단점이 있다. 정말로 창업하고자 하는 아이템에 대해 어떤 문제를 어떻게 해결할 것이냐에 대한 고민과 깊이와는 무관하게 팀 빌딩이 부족하거나, 사업계획이 구체적이지 않아 기업이 어느 정도 성장하고 이윤을 창출해 새로운 고용을 만들어내는 데 도달하지 못하는 한계도 많다.

특히 기존의 고용센터나 워크넷의 역할과 같이 단순 취업을 위해 정보를 제공하는 측면이 있다. 반면 심층적인 상담이 없어 '이런 정보는 나한테 필요 없다'라는 인식이 생겨 실업 상태로 남아 있거나 기업 정보를 깊이 있게 알기에 한계가 있다. 고용장려금도 기업 지원과 유사하지만 이미 취업한 사람에게 지원한다거나 미취업자를 지원하는 체계는 굉장히 약할 수밖에 없다.

국민취업 지원제도가 있어서 이 부분이 어느 정도 메워지기는 하지만 이걸로는 부족하다. 직업훈련을 하기 위해 먹고살려면 아르바이트를 해야 하고, 이런 부분에 대한 지원은 아직 충분하다고 볼 수 없기 때문이다. 기업 지원도 마찬가지다. 일단 기업에 돈을 줄 테니 그것으로 기술을 개발하고 맞는 사람을 뽑아보라고 하지만, 참여자에 대한 교육이라든가 일 경험에 대한 확실한 지원은 쉽지 않다는 것이 가장 큰 한계였다.[1)]

그래서 기존에 청년을 위한 고용 서비스의 한계가 여실히 나타나던 부분임에도 부족한 지원 규모, 단기적 지원, 그리고 각자 분절적 관리 기관의 존재로 인해 사실상 통합적인 지원정책은 부족한 실정이다. 그리고 일자리의 질 향상, 미스매치에

기존 정책사업의 한계

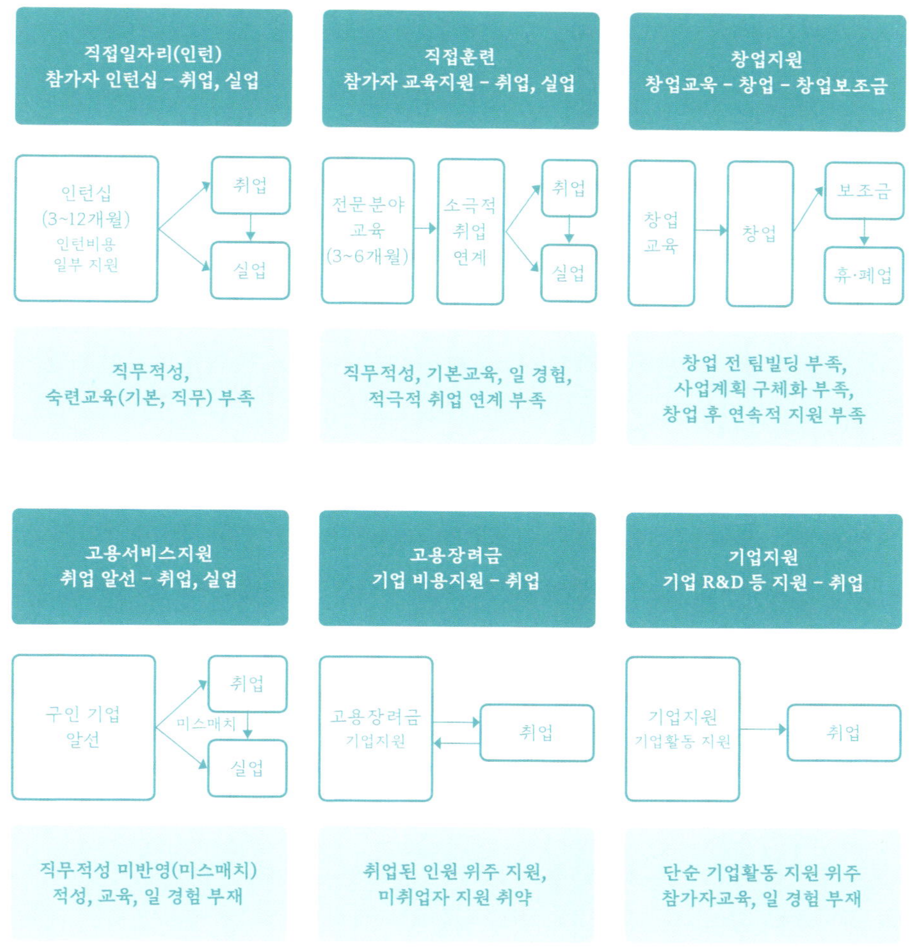

대한 문제를 어떻게 해결할 것이냐에 대해서는 여전히 의문점을 갖고 있다.

반면 해외의 사례를 살펴보면, 스웨덴에 있는 말뫼시가 주목받고 있다. 말뫼는 인구 30만의 항구도시로 조선 산업이 부흥하던 도시였으나 2000년대 조선 산업이 쇠락하면서 도시 전체가 황폐해졌다. 그러나 현재 말뫼는 친환경과 IT 분야에서

북유럽 최고의 '친환경 도시'가 됐다고 해도 과언이 아니다. 200여 개의 신생기업이 입주한 창업보육지원센터 '미디어에볼루션'으로 활기에 차 있으며, 193개국 10만 명의 인재를 불러모아 도시의 부활을 이끌고 있다. 즉 말뫼시는 기존의 산업구조를 바꿔 탈산업화를 이루고 이에 성공했다고 볼 수 있다. 일마르 리팔루 전 시장은 그 비결에 대해 "그런 답은 누구도 알 수 없지만 젊은 사람들이 계속해서 자기가 하고 싶은 꿈을 펼칠 수 있는 도시를 만드는 것이 우리의 목표였고, 도시 전체를 테스트베드로 설정했다"라고 말했다. 말뫼시는 먼저 말뫼시립대학을 설립하고, 적극적으로 이주정책을 받아들이며 문화적 다양성을 증진시키기 위해 노력했다. 페아 안더슨 말뫼시 무역 산업국장은 "말뫼시는 조선업을 포기하면서 20년 간 2만8,000여 개의 일자리를 잃었지만, 그 후 20년 동안 200여 개의 신생 기업과 6만3,000여 개의 새로운 일자리가 생겼다"라고 말했다. 1980년대 중반 22만 명까지 줄어든 도시 인구는 현재 32만 명으로 늘었다. 인구의 절반은 35세 미만의 청년층이다.

미디어에볼루션의 모태가 되는 곳은 말뫼시가 2002년 세운 창업 인큐베이터 '밍크(MINC)'다. 시 예산 50%와 정부·기업 펀딩 50%로 운영하는데, 한번 인큐베이터에 들어오면 대개 2~3년 동안 머물 수 있다. 첫 6개월은 입주비가 무료이고, 이후엔 한 달에 약 42만 원만 내면 된다. 특히 말뫼시가 성장동력으로 삼는 클린테크(친환경·신재생에너지) 분야와 교육·IT 관련 기업이 주를 이룬다. 지난 15년간 120여 개 회사가 인큐베이터 과정을 거쳐 엑시트 리스트에 이름을 올렸다. '느리지만 가장 확실한(Slowly but surely) 방법으로 도시를 성장시키는 힘'이다.

스페인이나 프랑스의 사례에서도 배울 수 있다. 어떻게 쓸모 있는 인재로 육성하며 어떻게 기업가 정신을 함양시키는가에 대해 살펴볼 필요가 있다. 에콜42(ecole 42)는 소프트웨어 분야의 혁신 교육 모델인 PBL(Project Base Learning) 기반으로 교수, 교재, 학비가 없는 3무(無) 시스템을 운영한다. 협업과 토론, 상호학

습이 중심이 되는 것이다. 제주 더큰내일센터는 에콜42 모델을 한국형으로 가져와 진행하고 있기도 한다.

그리고 스페인에 있는 몬드라곤팀아카데미는 몬드라곤대학교에서 운영하는 정규 과정이고, 팀을 기반으로 경험 기반 학습을 제공한다. 이 경험 기반이란 우선 협동조합을 창업시켜 어떻게든 살아남을 수 있는 해결책을 찾으라는 것이다. 이 학생들이 찾는 방법론을 보면 문제 해결 방법론 그리고 팀 빌딩을 통해 계속해서 역량을 강화하고 있다는 중요한 시사점을 얻을 수 있다. 청년보장제는 청년수당부터 시작해 역량 향상 교육, 일자리 연계, 실습, 일 경험, 양질의 경험과 미스매치를 없앨 수 있도록 통합적으로 보장하는 제도다.

국내 지역 사례를 살펴보자. 제주 더큰내일센터는 제주도의 청년 일자리 문제를 해결할 수 있는 취·창업 통합 플랫폼을 만들기 위해 설립했다. 체계적인 교육훈련과 기업과의 연계, 실습을 통해 청년들이 성공적으로 취업하고 창업에 필요한 역량을 강화함으로써 유니콘은 아니지만 유닛콘이 될 수 있도록 기업 경쟁력을 강화하고, 그 과정에서 월 150만 원 정도의 소득을 보장한다면 제주가 안고 있는 여러 일자리 문제를 해결하는 데 큰 도움이 될 것이라는 전략을 내세웠다. 많은 청년이 공무원, 공공기관과 같은 곳을 선호하지만 일반 기업, 스타트업으로 갈 수밖에 없는 것이 현실이다. 여기서 청년들이 어떻게 살아남아야 하는지 스스로 깨쳐야 하는 것이 중요하며 이것을 만들어주는 전략이 필요하다. 일자리를 창출할 수 있는 몇 가지 유형이 있다. 지역에서 새로운 기업이 창업하거나 기존에 있던 기업이 성장하거나. 기존의 기업이 새로운 곳에 투자할 때 지역에 일자리가 생겨나는 것이 일반적이다. 이런 세 가지 조건을 충족시키기 위해서는 새로운 프로젝트나 새로운 기업의 창업을 통해 혁신을 만들어낼 수 있는 인재를 육성하는 것이 가장 중요한 과제다.

청년들은 갈 곳이 없다고 하고 기업들은 쓸 만한 사람이 없다고 하는 문제를 어떻게 보완할 것인가. 더큰내일센터는 인재에 걸맞은 기업이나 기관과 연계해 실제로 어떤 일을 하는지 경험하게 만들어주고 그 결과 대전 성심당과 같은 강소형 기업이 출현할 수 있도록 지원하는 전략을 구상했다. 청년보장제를 통합 운영해 기업에 준비된 인재를 제공하고, 창업 지원 조직에는 준비된 창업팀이나 혁신적인 프로젝트를 제공함으로써 지역이 가지고 있는 문제를 해결할 수 있도록 지원한다. 그런 다음 지역에서 다양한 혁신이 만들어지면 이 혁신이 확산되는 데 'Chasm'이라고 불리는 단절의 시간을 극복할 수 있도록 커뮤니티와 네트워크를 구축한다. 전체적으로 보면 지역 중심의 청년보장제와 밀도 있는 청년 혁신 커뮤니티 그리고 지역의 혁신적 플랫폼이 합쳐졌을 때 청년을 위한 제대로 된 일자리 정책이 가능하다는 전략이다.[2)]

혁신 자원의 연계 플랫폼 전략

혁신 인재, 기업, 기관의 혁신을 만들어가는 커뮤니티 형성

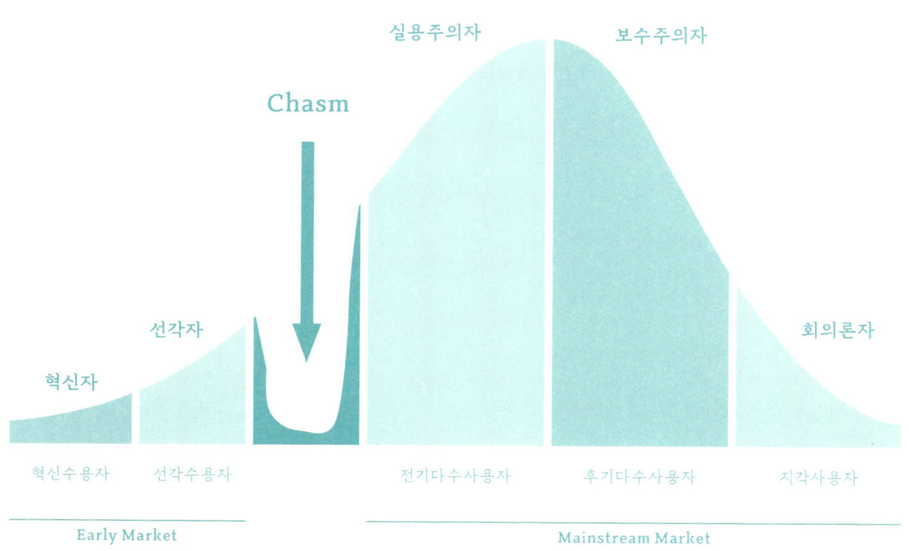

더큰내일센터는 팀워크 및 문제 정의와 해결 능력, 소명 의식과 자기 주도성을 갖춘 인재 양성을 목표로 만 15세에서 34세까지 도내·외 미취업자를 대상으로 상·하반기 각각 75명, 총 1년에 150명을 선발해 교육한다. 제주도의 경우 선발자의 25% 범위에서 센터가 선발하는데, 이는 지자체가 100% 투자하는 사업에서는 굉장히 혁신적인 도전이다. 참여자의 생활을 보장하는 수당 150만 원을 지급하며 소득에 대한 기준은 중위소득 180%까지 설정되어 있다. 센터는 프랑스의 에콜42(Ecole42)와 같이 교수, 교재, 학비가 없는 교육 이념으로 PBL과 자기 주도 학습을 위해 멘토링과 컨설팅을 제공하고, 교수자의 지도 없이 스스로 목표를 설정하고 학습하며 문제를 해결할 수 있도록 구성했다. 지원 프로그램은 크게 두 단계로 나뉘는데, 1단계는 기본 교육과정으로 공통과 심화 교육 등 12개 프로젝트를 실시한다. 2단계는 취업연계트랙과 창업창직트랙으로 구분된다. 취업연계트랙은 기업의 실무에 투입되는 것이 아니라 본인이 희망하는 직업이 실제로 어떤 프로젝트를 하는지, 기업이 진행하는 프로젝트에 참가하는 것이며, 창업창직트랙은 개인별로 비즈니스 모델을 강화하는 과정이다. 이후 3단계는 1·2단계를 거치며 본인이 경험한 것을 실제로 실현할 수 있다.

1단계의 12개 프로젝트는 센터에서 제시하는 프로젝트와 함께 3개월 동안 참여자 스스로 프로젝트를 만들어 자신의 능력을 향상시킬 수 있도록 한다. 이 과정에서 자기 표현 과제, 직무 역량에 관한 창의적 문제 해결력 등 여러 가지 프로젝트를 수행하는 데 필요한 방법론을 배운다. 프로젝트의 주요 주제는 기업과 관련된 상황과 지역이 가진 특화된 산업이나 사회문제의 핵심에 대해 어떻게 접근하고 이를 해결할 것인지에 대한 방법과 비즈니스 모델을 제시하는 것이다. 일주일 동안 참여자들이 토론하고 발표하는 과정을 반복하며 프로젝트를 수행하는데 참여자의 호응도가 굉장히 높다.

제주더큰내일센터 사례: 운영 방향 설계

'센터프로그램' 6개월의 교육, 6개월의 경험, 12개월의 실행을 통해 역량이 강화됩니다.

	1단계 기본 교육 과정		2단계 진로 모색 과정	3단계 진로 실현 과정
	6개월의 교육		6개월의 경험	12개월의 실행
프로그램 단계	**공통교육** 팀프로젝트 기반 공통교육	**심화교육** 팀/개인프로젝트 기반 심화교육	**취업연계트랙** **창업실전트랙** **자기주도(창직)트랙**	**취업연계트랙** **창업실전트랙** **자기주도(창직)트랙**
주요 내용	**팀 협업** 팀 프로젝트 및 자기 주도 중심 공통교육	**자기주도성 강화** 개인업 창출을 위한 프로젝트 경험	**취업연계트랙** 프로젝트 기반형 실습 **창업, 자기주도트랙** 개인별 BM 강화	**취업연계트랙** 실무 기반형 인턴십 **창업, 자기주도트랙** 개인별 BM 실행

월 150만원 안정적 교육훈련 및 프로젝트 수당 지급

2단계는 취창업연계 방향을 설정한다. 기업이 진행하는 프로젝트에 직접적으로 결합하거나 창업창직을 위해 6개월 동안 기초교육을 진행한다. 3단계는 진로를 실행하는 과정이다. 실무 기반으로 취업 트랙은 인턴십, 창업 트랙은 창업과 관련해 외부 펀딩을 받을 수 있게 지원한다. 마찬가지로 이 과정에서 안정적인 생활이 가능하도록 150만 원 수당을 지급한다. 청년들은 자기가 원하는 일을 스스로 만들어나가고 싶어 한다. 돈의 중요성보다는 내가 하고 싶은 일을 과연 회사에 들어가서, 혹은 내가 창업해서 할 수 있을까라는 것을 더 고민한다.[3)] 더큰내일센터 지원 프로그램 1기 참여자의 82%가 취업 및 창업을 했고, 이는 중앙정부에서 진행하는 일자리 사업 취업률에 비교해 매우 높은 수치다. 현재 센터와 연계된 기업은 397개사이며, 참여 기업의 만족도는 5점 만점에 4.3점으로 기업과 청년 모두 만족하고 있는 프로그램이다. 2019년 10월 센터가 출범하고 코로나19를 겪으면서도 630명 이상이 센터를 방문해 직접 사례를 들으며 벤치마킹하고 있다.

1. 김경준, '내일을 위한 내 일', 포스트코로나 시대 청년실업문제 해결을 위한 연속포럼, 2021년 9월 30일
2. 김경준, 이하 동일
3. 김경준, 이하 동일

4-2

소셜임팩트와 4차 산업이 바꿀 미래 일자리

기후변화 같은 큰 환경 위기와 사회문제들이 직접적으로 다가오는 이때, 코로나19라는 거대한 위험과 코로나19 사태를 넘어 이미 예정된 미래, 거대한 사회문제는 얼마나 심각할 것인가에 대한 새로운 위기감이 고조된다. 사회문제 영역인 청년 일자리는 코로나19로 인해 더욱 심각해졌고, 그 밖에 우리 사회의 많은 취약점이 여실히 드러나면서 사회문제에 대한 심각성을 중요하게 받아들이는 전환기를 맞이했다.

이제는 생산부터 소비에 이르기까지 환경과 기후변화를 고려하는 것이 당연해졌고 이와 관련한 사회적 활동과 라이프스타일을 추구하는 사람이 늘어나고 있다. 생산과 소비의 변화는 시장의 변화를 의미하며, 시장과 사회의 관계 변화 그리고 시장과 사회 안에서 우리가 하는 일들, 일자리의 변화가 필연적으로 동반된다. 결국 거대한 사회문제, 코로나19로 일어난 사회문제에 대한 대응은 많은 변화를 일으키고 있다. 이전에는 경제적 가치와 사회적 가치가 분리되어 있었지만 이를 명확

포스트코로나: 사회적 가치의 대두

비영리 조직은 지속 가능한 사회적기업으로 발전하고,
영리 조직 중 일부는 비즈니스에 사회적 가치를 결합합니다.

히 구분하는 것이 아니라 융합해야 하며 그 과정에서 핵심이 되는 중요한 사회문제를 해결하기 위한 다양한 활동이 필요하다.[1)]

소셜임팩트 기업이라 불리는 사회적기업이나 소셜벤처와 같은 주체들은 이미 설립 목적 자체가 사회문제를 비즈니스적으로 해결하는 데 있기 때문에 오늘날같이 중대한 변화가 있는 시기에 핵심적인 주체로 이야기되고 있다. 갈수록 거대해지는 사회문제에 맞서서 이를 해결하려는 기업이 코로나19로 인해 더욱 다양한 양상으로 촉발되는 사회문제에 혁신적으로 대응하는 사례가 많아지고 있다.

두 가지 새로운 해법

소셜임팩트 분야에서는 두 가지 접근이 가능하리라 생각한다. 첫 번째는 일자리 유망 분야로서 소셜임팩트 기업이 있다. 앞서 말한 바와 같이 사회문제는 거대해지고 임팩트 투자와 같은 자금도 이러한 문제를 해결하기 위해 투입되고 있다. 정부 정책도 같은 방향으로 이어지고 있다. 이러한 상황에서 주요한 해결 주체로 소셜임팩트 기업이 커진다면 당연히 이 분야의 성장 과정에서 많은 인재가 필요해질 것이고 일자리도 확장될 것이다. 소셜임팩트 기업은 최근 MZ세대라고 불리는 청년 세대 입장에서 좋은 일자리가 될 것이라는 현상이 나타나고 있다. 우리는 환경문제와 사회문제를 이야기할 때 인식적 소비를 언급하며 소비자로서 MZ세대를 이야기한다. 아직 경제 환경에서 충분한 소비력을 확보하지 않기 때문에 거대한 현상이라고 보기에는 쉽지 않은 점도 있다. 하지만 이 변화를 먼저 느낄 수 있는 부분은 소비자뿐 아니라 근로자로서의 MZ세대다. 이들은 기본적으로 사회와 환경에 기여하는 기업에서 일하고자 하는 경향이 크다.[2)]

두 번째는 일자리 문제를 해결하는 주체로서 소셜임팩트 기업을 활성화하고 촉진시키는 게 가능하다. 애당초 사회적기업이 일자리 문제를 해결하는 데 초점이 맞춰져 있고, 초반에 많이 등장하기도 했다. 최근에는 청년 일자리 문제가 거대한 사회문제로 대두한 데다 일어나는 양상도 복잡하다. 그리고 창업하는 MZ세대는 본인들이 당사자로 직접 문제를 겪어봤기 때문에 일자리라는 단어로 크게 묶어 이야기하며 접근하는 방식이 아닌 각각의 사회문제 현상이나 원인을 세부적으로 분석해 다양한 도전을 하고 있으며 이러한 소셜임팩트 기업 또한 많아지고 있다.[3)]

새로운 형태의 일자리가 나타났을 때 얼마나 양질의 일자리를 제공할 수 있는가. 여성의 사회활동이 늘며 가사노동이 어려워졌을 때 이를 지원할 수 있는 서비스에는 어떤 것이 있는가. 이렇게 새로운 형태의 사회, 일자리에 대한 관념이 생기면서 나타날 수 있는 다양한 문제를 해결하기 위한 솔루션이 생겨나고 있다. Workstyle Solutions 분야에서는 청소연구소, 째깍악어, FAAI, 캐처파이어, 위쿡 같은 회사가 있다.

청소연구소는 사회활동을 하는 여성이 늘어나면서 부담이 커진 가사노동에 대해 전문적인 서포트를 제공하는 기업이다. 실제로 대표는 세 아이의 엄마로 일을 하면서 느꼈던 불편함을 해결하기 위해 스스로 사용하고 싶은 서비스를 직접 창업한 사례다. 기존 산업에서 살펴보면 가사도우미, 가정부로 불리던 계층은 처우도 표준화되어 있지 않고 근로 시간에 대한 적절한 보상, 고객의 집에 들어갔을 때 겪는 여러 불편함과 사회적 이슈가 일반적으로 많이 발생했던 것이 사실이다. 이 점에 착안해 전문적인 일자리로 설계해보자는 관점에서 탄생한 서비스로 무엇을 하고, 무엇을 하지 않는지 굉장히 상세하게 정의되어 있다. 처음 일하는 분들도 본인의 일에 대해 명확한 가이드가 있는 장점이 있으며 보험, 예방접종, 인센티브 등 청소 매니저에 대한 처우 개선 노력을 지속하며 여성의 사회 진출에 따른 문제 해결과 함

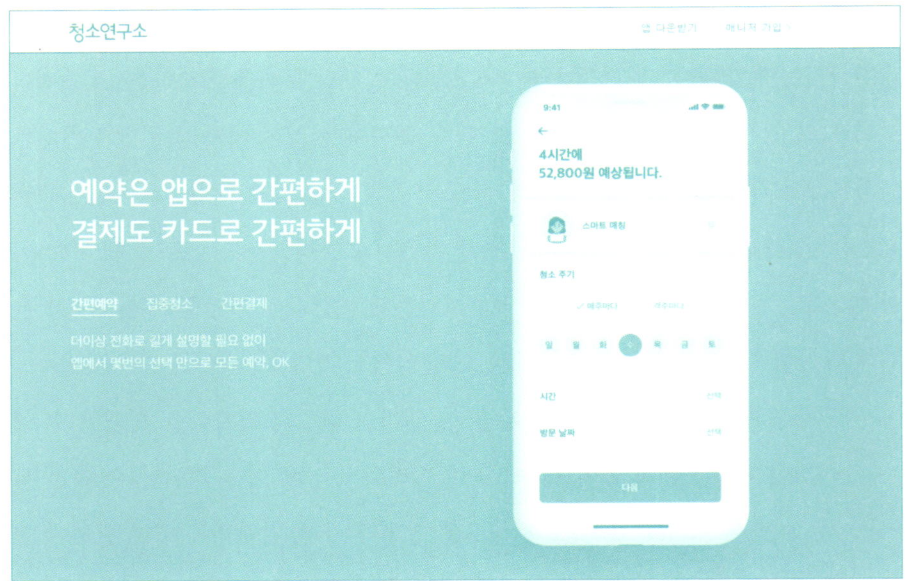

청소연구소

께 양질의 일자리를 창출하고 있다는 관점에서도 좋은 사례다. 결과적으로 기존 가사도우미나 파출부로 일하던 분들뿐 아니라 부업, 새로운 일자리로 생각해 들어오는 분도 많다고 한다. 40, 50대에서 젊은 층까지 유입되며 궁극적으로 좋은 일자리를 전문적으로 만들어줌으로써 발생하는 효과라 볼 수 있다.

다음은 째깍악어로 대학생 선생님을 아이와 매칭해주는 아이 돌봄 서비스이다. 아이 돌봄 서비스가 필요한 부모님이 쉽게 서비스를 이용할 수 있게 하는 것에서 출발했다. 가장 큰 난관은 아이와 놀다 사고가 나거나 풀타임 선생님이 아닌 데에서 발생하는 신뢰도 문제였다. 째깍악어는 보험제도처럼 선생님의 철저한 신원보증 단계를 거쳐 이러한 문제를 해결했다고 한다. 소비자를 만족시키면서 보장 보험이나 서비스 보증처럼 단기간 일하는 선생님도 보다 안정감을 느끼고 정규직 못지않은 처우를 느끼며 일할 수 있다는 것이 장점이다.

째깍악어

케어링

기존 방문 요양 서비스를 혁신해나가는 기업 케어링은 모든 방문 요양사를 직접 고용하고 교육한다. 요양사의 처우도 업계 최고 수준에 맞춤으로써 높은 신뢰도를 얻었다. 보통 방문요양센터는 10인 미만 소규모로 운영되어 체계적인 교육이나 처우, 서비스 품질 관리가 쉽지 않았다고 한다. 케어링은 고객과 요양사로 하여금 봉사를 통해 얻은 신뢰도를 바탕으로 궁극적으로 양질의 서비스를 제공할 수 있었다. 결국 좋은 일자리와 처우를 가지고 사회적인 목적으로 문제를 해결하려는 기업이 많아질수록 양질의 일자리도 늘어나는 선순환 효과를 기대할 수 있다.

다음은 새로운 일자리에 대한 관점에서 FAAI를 소개한다. 동대문에는 소규모 봉제나 패턴 공장이 많은 데다 새로운 제품을 출시하기 위해선 디자이너들이 이 모든 공장을 일일이 찾아가야 하는 수고로움이 있었다. FAAI는 이런 공정들을 온라인 플랫폼화해 원하는 디자인을 의뢰하면 손쉽게 제작할 수 있게 만들어주는 서

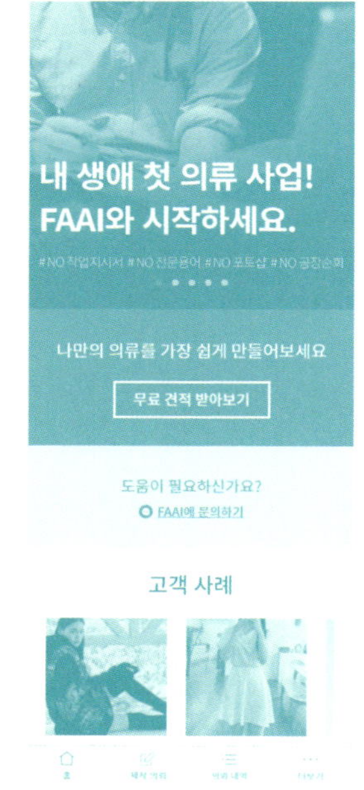

FAAI

비스다. 이 플랫폼이 해결하는 문제는 영세한 공장을 조금 더 규모화하고 온라인 플랫폼화해 많은 사람이 쉽게 찾을 수 있게 해줄 수 있는 장점이 있다. 또한 이 서비스를 통해 누구나 디자이너가 될 수 있어 새로운 형태의 창업과 같은 경험을 할 수 있다는 것도 장점이다. 최근 개인 인플루언서나 개인 창작을 통해 새로운 제품이나 브랜드를 만드는 사례가 많아지고 있다. 결국 사회적 문제를 해결하기 위해 설립한 소셜벤처들이 이러한 새로운 생태계를 만들고 더 많은 일자리를 창출해낼 수 있다는 것이다.

다른 사례는 위쿡이다. 초기 공유 주방 서비스로, 누구나 실패 비용 없이 식음료 사업을 시작할 수 있게 만들어주자는 미션으로 설립됐다. 우리나라 자영업자의 폐업률이 높은 이유를 이 생태계를 잘 모르고 들어가는 사람이 많아 초기 실패 비용이 높다고 정의했고, 그러한 실패를 줄이기 위해 다양한 업계 노하우와 플랫폼

위쿡

을 제공하고 있다. 위쿡 사례도 마찬가지로 처음엔 창업 실패 비용을 줄여주기 위한 소셜벤처지만 새로운 일자리, 새로운 식품 브랜드와 서비스를 만들어내고 있다고 볼 수 있다.

마지막 사례로 노동과 일자리 재정의를 통해 양질의 일자리를 새롭게 창출하는 캐처파이어다. 캐처파이어는 미국 기업으로 도시락 나르기나 연탄 나르기처럼 일반적으로 자원봉사를 할 때 노동집약적인 업무를 하는 경우가 많은데 그것이 아니라 본인의 전문성을 살려 NPO 기관에 적극적으로 자신의 전문 영역을 서비스해줄 수 있도록 돕는 플랫폼이다. 예를 들어 자원봉사 희망자가 인사 전문가라면 어떤 NPO의 인사체계 전략을 세워줄 수 있고, 마케팅 전문가라면 프로그램이나 이벤트, 캠페인을 도와줄 수 있다는 것이다. 기존의 급여를 받고 회사에 소

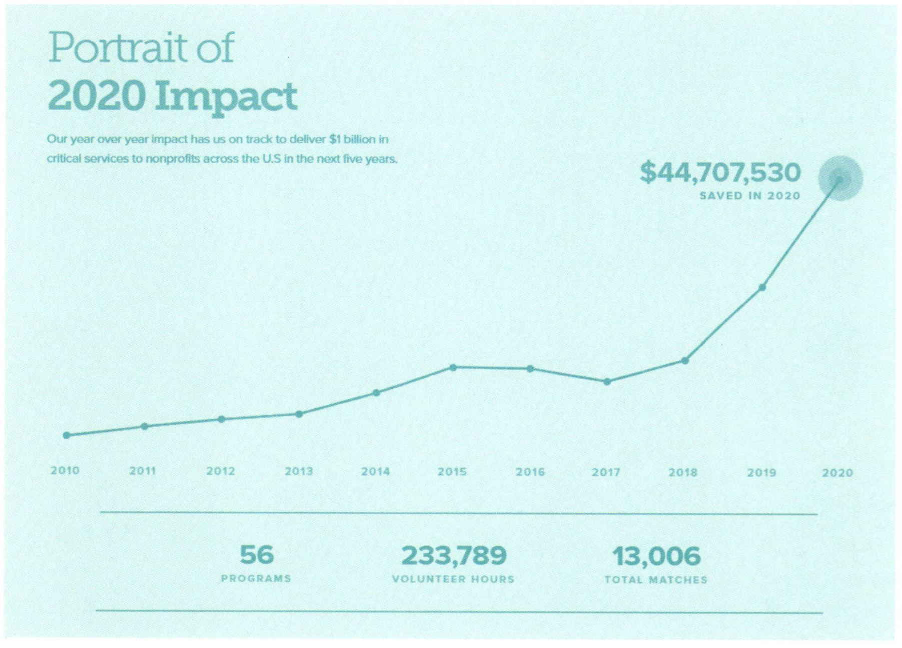

캐처파이어

속되어 일하는 것만이 노동이 아니라 자원봉사로도 충분히 본인이 원하는 영역을 개척해나가며 새로운 형태의 일자리로 만들 수 있다는 것이다. 캐처파이어는 NPO에 지원하는 재단이 캐처파이어의 크레디트를 구매하게 만들고 이 크레디트를 NPO가 쓸 수 있게 하는 비즈니스 모델을 운영하고 있다. 그래서 기존 재단들이 누군가를 고용해 NPO를 도와줘야 했다면, 캐처파이어 서비스를 통해 자원봉사자의 힘을 모아 NPO들이 더 나은 양질의 고급 서비스를 받을 수 있도록 중개하고 있다.

---

1. 김민수, '내일을 위한 내 일', 포스트코로나 시대 청년실업문제 해결을 위한 연속포럼, 2021년 10월 1일
2. 배수현, '내일을 위한 내 일', 포스트코로나 시대 청년실업문제 해결을 위한 연속포럼, 2021년 10월 1일
3. 배수현, 이하 동일

4-3

토론

청년을 위한 미래

좌장

김인제 의원(서울시의회 기획경제위원회)

발제자

배수현 이사(인비저닝파트너스)

김민수 이사(임팩트스퀘어)

토론자

김동헌 교수(고려대학교)

최영순 미래직업연구팀장(한국고용정보원)

김민지 매니저(딥네츄럴)

김동헌_ 청년 실업률이 왜 높은지에 대한 경제학자들의 분석을 보면 속 시원한 답을 찾기 쉽지 않습니다. 산업과 시대의 구조적 변화, 노동시장의 구조적 변화, 한국경제의 활력이 떨어지면서 지속되는 성장률 하락 등 여러 요인이 작용하고 있습니다. 특히 4차 산업혁명이 가속화되면서 디지털 경제에 빠르게 진입하고 있고 'ESG 경영', '2050년 탄소중립'과 같은 거대한 물결이 밀려오고 있어 단순히 경제적 혹은 사회적 접근을 통해서는 청년 실업 문제를 풀기가 어렵습니다. 이 물결을 이해하는 융합적인 사고가 필요하죠.

소셜임팩트 기업이 사회문제를 비즈니스로 해결하는 핵심 주체로 들어와 있습니다. 특히 4차 산업혁명과 함께 사회적경제의 중요한 역할을 맡게 되면 많은 청년 일자리를 창출할 수 있죠. 청년 실업 문제의 중요한 이슈 중 하나가 노동시장의 이중구조 문제입니다. 특히 대기업과 중소기업의 임금 격차, 계층 사이의 벽 등에서 오는 여러 문제가 있는데, 과연 이 문제를 해결하기 위해 소셜임팩트 기업은 어떤 역할을 할 수 있는지 고민해볼 필요가 있습니다. 그런 다음 지속 가능한 것인지, 어떤 방향으로 전략을 세우고 나아가야 하는지에 대한 논의가 필요합니다. 또한 소셜임팩트 기업과 전통 산업이 같은 디지털 경제에 들어왔을 때 어떻게 협력해서 지속 가능한 사업을 만들어낼 것인지에 대한 고민이나 방안도 필요하지 않을까 생각합니다. 결국 소셜임팩트 기업이 트렌드의 물결을 이끌기 위해서는 이른바 주요 대기업과 같은 민간 기업들과 어떻게 상생하고 협력할 수 있는지에 대한 아이디어가 필요합니다.

마지막으로 서울시와 기업의 효과적인 해결 방안을 위한 정책이 필요한데, 소셜임팩트 기업이 태동하고 성장하는 과정에서 가장 필요한 것이 생태계입니다. 공적 역할이나 기금 조성, 제도 정비 같은 것은 결국 서울시에서 더 적극적으로 협력해야 한다고 생각합니다. 시의 역할은 소셜임팩트 기업을 성장시키기 위한 공적 부문의 역할을 충실히 수행하는 동시에 민간 부문과 협력을 이끌어내는 것입니다.

김인제 서울시의회 기획경제위원회 의원

김인제_ 노동시장의 이중 구조에서 발생하는 임금 격차나 소셜임팩트 기업들의 상호적인 역할에 대해 말씀해주셨고, 디지털 경제와 ESG, 기존 전통 산업과 소셜임팩트 산업이 상생하는 방법, 서울시에서 이런 생태계를 조성할 수 있는 기업과 소셜임팩트에 투자하려고 하는 다양한 주체들, 그리고 청년들의 일자리 문제에 대해 어떤 관점에서 함께 지원하고 공존할 수 있을지 방안에 대한 제안까지 해주셨습니다.

최영순_ 청년들이 혁신적 기술, 창의적 아이디어로 사회문제를 해결하고 동시에 일자리를 만든다는 의미에서 소셜임팩트 기업에 관심을 가지는 분이 많다는 것은 일에 대한 패러다임이 바뀌고 있다는 증거입니다. 크게는 직업의 변화, 직무의 방향과 궤를 같이한다고 볼 수 있습니다. 플랫폼에 기반한 여러 정보 공유, 일자리 매칭이 점점 활발해지는 것도 소셜임팩트 기업의 방향과 같고요. 그리고 일의 다양성을 추구하는 현상도 관련이 있다고 봅니다. 또 개인의 창의적 아이디어와 역량을 토대로 스스로 일과 직업을 만드는 창직 활동, 차별화된 상품과 서비스를 제공하고 일에 대한 가치가 커지는 것도 이러한 변화와 일맥상통한다고 볼 수 있습니다. 직업과 일의 변화에서 우리나라가 외국과 다른 점은 저출산 고령화와 1인 가구 증가처럼 인구 변화의 영향을 많이 받는다는 점인데요, 이러한 인구 변화가 큰 우리나라에서 소셜임팩트 기업이 함께 고민하고 극복해야 할 문제가 많아지는 것도 하나의 메시지라고 할 수 있습니다. 그러나 소셜임팩트 기업의 지속적인 성장과 역량 강화를 위해 기회를 제공할 필요가 있다는 생각이 듭니다. 지금은 어느 대학을 나왔고 무엇을 전공했느냐보다 앞으로 해결해야 하는 사회적 이슈에 대한 공감대를 구체화하고 일과 연결할 수 있는 역량을 갖췄느냐가 더 중요한 시대입니다. 그래서 기존의 전통적 취업이나 창업과는 다른 역량을 키울 수 있도록 멘토링 프로그램이나 인턴십을 통해 현장과 연계된 교육을 체계적으로 제공할 필요가 있습니다. 그리고 세대가 상생할 수 있는 기회가 필요하다고 봅니다. 최근에는 MZ세대뿐 아니라 5060, 베이비부머 세대 중에서도 인생 삼모작·사모작을 준비하는 분이 많아졌고, 기존에 수십 년 일해왔던 것과는 다른 형태와 내용의 일을 원하기도 합니다. 5060 중·장년 세대의 연륜과 경험 그리고 청년의 혁신성과 창의성이 상생하고 시너지를 창출할 수 있도록 지원하는 방향을 고민할 필요가 있습니다.

김민지_ 저희는 인공지능이 학습하는 데이터를 가공하는 기업, 딥네츄럴입니다. 주로 젊은 연령대의 IT 인력으로 구성되어 있고요. 스타트업, 젊은 구성원 등의 키워드가 있으니 자율적이라는 키워드도 쉽게 접목됐습니다.

첫 번째로는 근무시간과 형태가 자유롭습니다. 일반적으로 8~11시 사이에 업무를 시작하는 구조이지만 특별한 상황이 생기면 시간도 미리 조율할 수 있고, 업무 공간 역시 본인이 희망하는 곳에서 근무하며 업무 효율을 높이기도 합니다. 개인 휴가나 자녀의 등·하원 시간에 맞춰 일정과 휴가를 조율할 수 있고, 입사할 때 각자가 원하는 장비를 사용하도록 지원하고 있어 다양한 선택지를 통해 개인의 취향이 반영된 근무 문화를 확립해나가고 있습니다. 또한 이렇게 유연한 근무 환경이 가능할 수 있도록 토론을 통해 규칙을 만들고 있습니다. 함께 정한 규칙을 근거로 의사결정과 결과에 대한 피드백을 주고받으며 우리에게 맞는 문화는 무엇인지, 어떻게 하면 잘할 수 있는지 실험할 수 있는 환경이죠. 물론 100% 완벽하진 않지만 어떤 임직원이든 서로 참여하며 자신의 목소리를 내면서 더 나은 문화, 더 좋은 회사가 될 수 있는 방향성을 잡아가니 조금씩 발전하는 것 같습니다. 4차 산업혁명 시대에 IT 스타트업은 어떻게 일하고 있는지 간단히 공유해드렸습니다.

김인제_ 서울시나 일반 직업 환경에서 코로나19 시대에 가장 큰 변화가 재택근무였거든요. 온라인을 통한 재택근무가 처음엔 어색했지만, 이제는 익숙해지고 다양한 라이프스타일을 새롭게 정립해나가는 중요한 전환점이기도 하고, 또 그것이 일의 효율성을 증대시킬 수 있는 계기가 된다는 많은 연구 결과도 나오고 있습니다. 직원의 90%가량이 리모트워크 환경에서 근무한다는 현장의 소리를 들으니 앞으로 이런 기업이 많이 생길 수 있겠다는 생각도 하게 됩니다.

배수현_ 사실 플랫폼 기업이 가지고 있는 양면성이 특징일 것 같은데요, 실제로 청소연구소만 하더라도 수요에 비해 공급자인 청소 매니저가 부족한 상황입니다. 청소 매니저가 이 플랫폼에 참여할 수 있도록 돕는 방법 중 하나가 좋은 일자리를 제공해주는 것입니다. 예를 들면 말씀드린 교육, 보험, 건강관리, 인센티브 등을 통해 플랫폼 노동이지만 장기적으로 봤을 때 정규직 일자리와 비슷한 수준의 혜택을 받아 갈 수 있는 일자리로 자리매김하게 해주는 것이 플랫폼에는 큰 숙제라고 볼 수 있을 것 같습니다.

기본적으로 공급자의 퀄리티가 좋아져야 서비스 퀄리티가 좋아지고, 궁극적으로는 소비자도 만족할 수 있기 때문입니다. 앞으로 이런 서비스가 늘어난다면 사회문제를 비즈니스로 해결하는 동시에 좋은 일자리를 많이 만들어낼 수 있는 요소로 작용할 수도 있지 않을까 생각합니다.

추가로 플랫폼 노동을 위한 제도적 안전망도 필요하리라 봅니다. 아무래도 정규직은 4대 보험처럼 제도적으로 보장되지만, 플랫폼 노동은 사회적 보장성이 떨어질 수 있기에 프리랜서 협동조합 같은 곳에서 제도적으로 진행하고 계신 것 같습니다. 플랫폼 노동자들을 위한 정책 혹은 안전망 설계도 공공에서 함께 노력하며 만들어나간다면 이런 생태계를 더욱 키울 수 있는 자양분이 될 수 있을 것입니다.

배수현 인비저닝파트너스 이사

김인제_ 아까 토론회 도중에 김동헌 교수님이 추가적으로 제안하고 질문해주신 노동시장 이중 구조, 임금 격차에 대해 교수님의 관점에 대한 자문을 저희가 토론을 통해 듣고 싶은데요, 교수님께서 기존 경제학적 관점에서 전통적 기업들이 이런 문제 해결을 위한 행동에 보다 적극적으로 임할 수 있도록 우리가 어떻게 사회적으로 이끌어낼 수 있을까요?

김동헌_ 기업은 이윤을 추구하는 게 본질적입니다. 사람도 내가 행복하게 살고 싶다고 하면 여러 가지 물질적 요건을 구비하고, 기타 여러 제도나 문화에서 자기 삶의 자존감, 만족감을 누리며 복합적으로 행복을 찾지 않습니까?

기업이 존재하는 이유도 결국은 인간이 행복하게 살기 위해서입니다. 전통적인 기업, 특히 글로벌 기업은 당연히 ESG 문제를 소홀히 할 수 없을 거고요. 국내 굴지의 대기업이나 모건 스탠리는 ESG에 대해 여러 지수를 만들어 평가하고 투자 여부를 결정하고 있어요. 미국의 유명 투자회사 블랙스톤은 ESG에 소홀한 기업에 절대 투자하지 않겠다고 하니까요. 결국 전통적인 기업도 ESG나 사회문제에 관심을 가질 수밖에 없고 그래서 이 문제를 어떻게 해결해나가느냐가 고민일 것 같아요. 그런데 결국 기업이라는 게 사업성이 없으면 실패하게 돼 있어서 사업성을 가져가면서 이런 문제를 어떻게 해결해나가느냐를 고민할 수밖에 없거든요. 결국 지금 소셜임팩트 기업들은 대기업과 같은 전통적 기업과 같이 맞물려갈 것으로 생각합니다. 그래서 일자리 대책 관점에서 본다면 청년들은 현재 우리가 더 많이 바뀌야 한다고 생각해요. 이미 MZ세대는 IT 생태계에 대해 자연스럽게 노출되어 있습니다. ESG 문제도 청년들이 변화의 물결을 인식하고 우리가 살아가는 세계가 어떤 방향으로 나아갈지에 더 주목하고 있습니다. 최영순 팀장님이 말씀하신 것처럼 청년들의 혁신적 사고, 실용적이고 도전적인 사고가 전통적 산업 현장

김인제 서울시의회 기획경제위원회 의원

에서 맞물리고 소셜임팩트 기업과 같이 간다면 이런 부분에서 많은 일자리가 늘어나리라 생각합니다.

김인제_ 김민지 매니저님께 "주말까지 일하고 싶은 사람이 오히려 지금의 노동정책이나 일자리에 대한 고정적 인식과 법 때문에 어려움도 있다고 들었습니다. 그리고 직원들의 만족도가 구체적으로 어느 정도인지 사례로 들려줄 수 있나요?"라는 질문이 들어왔습니다. 답변 부탁드려요.

김민지_ 우선 법적인 부분과 인식에 대해 말씀 주셨는데요, 2021년 7월 1일부터 주 52시간제를 모든 업장에서 지켜야 하는 상황이 됐습니다. 저희도 이것을 도입하며 직원들과 소통하는 데 많은 시간을 썼습니다. 노동법을 지켜야 하는 회사의 의무가 있기 때문에 이것을 준수하면서 기존 문화를 가져가려다 보니 실질과 명목 간 차이가 커 왜 혼선이 생겼는지 팀마다 온라인을 돌며 설명했어요. 여전히 어려운 부분이고 유연한 업무 환경을 만든다는 게 지금 고용시장과 맞지 않는 부분도 있지만 그런데도 젊은 조직이다 보니 잘 받아들여주십니다. 앞으로도 이렇게 이야기하고 설명하는 시도는 계속하려고 합니다.

두 번째로 유연근무에 대해 직원분들이 어떻게 만족하는지 구체적으로 알려달라고 하셨는데요, 확실히 가정이 있는 직원분들은 만족도가 높습니다. 예를 들어 아내의 백신 접종으로 아이를 봐야 하는 상황처럼 부득이한 경우 유연하게 휴가를 사용해도 백업이 가능하기 때문이죠. 기존에 이런 문화에서 일하지 않으신 분들도 처음엔 어색하고 낯설어하지만, 3개월 정도 지나고 여쭤보면 컨디션에 맞게 업무시간을 조절할 수 있으니 시간에 따른 압박감과 부담이 없다고 합니다. 오히려 효율적으로 시간 안배를 하면서 자신의 라이프스타일에 맞게 일할 수 있는 것이지요. 굳이 단점을 꼽자면 소통이 아쉽다는 점입니다. 이런 부분을 상쇄하기 위해 데일리 미팅이나 주간, 월간으로 메타버스에 모여 회의하고 이벤트도 마련해 아쉬움을 줄이는 노력을 하고 있습니다.

김인제_ 마지막 질문입니다. “기존 공공영역에서 제3섹터라고 하는 사회적경제, 사회적기업과 오늘 발제자께서 토론해주신 소셜임팩트의 정확한 차이점과 비즈니스 모델 또 그것에 대한 수익적 접근은 무엇이 다를까?”라고 질문해주셨는데요.

김민수_ 조금 인위적으로 구분할 때 우리가 사회적기업, 소셜벤처로 구분해 이야기하는 경우가 있는데, 그때 구분되는 관점은 소셜벤처를 놓고 본다면 벤처라는 이름이 붙어 있다시피 아무래도 위험성 있는 도전과 혁신을 한다는 측면에서 차이가 있습니다. 벤처기업들이 100배 성장을 기대하듯, 소셜벤처는 100배의 사회문제를 해

김민수 임팩트스퀘어 이사

결할 것을 기대하고 있고 이를 위한 위험을 감수하고 있다는 것으로 이해하면 되지 않을까 생각합니다.

배수현_ 저희가 투자하는 회사들이 보통 스타트업이라고 부르는 소셜벤처이기 때문에 해당 사례를 소개했는데요, 기존의 사회적기업이라든지 사회적경제에서 의미하는 바는 넓은 의미로 협동조합이나 마을기업 같은 것을 포괄하는 의미로 볼 수 있을 것 같고, 이러한 협동조합이나 마을기업은 미션이 강하기 때문에 사회적 문제 해결을 안정화한다기보다는 해당 영역의 문제를 어떻게 해결하느냐에 집중하는 것 같아요.

이쪽 영역은 가끔 투자가 일어나기도 하지만 벤처케피탈과 같은 자본이 들어와서 운영되기보다는 자립형으로 매출을 만들어나가는 식으로 고용을 창출해나가는 경우가 많습니다. 하지만 결국은 같은 미션을 공유하고 있는 것 같아요. 어떻게 보면 공공의 영역에서 풀어나가지 못하는 것을 민간의 영역에서 풀어나가는 것은 협동조합, 마을기업, 주식회사의 민간기업 등 어떤 형태든 공동으로 해결해나가는 데 목적성이 있을 것 같고요. 앞으로 MZ세대가 일자리를 구할 때 이러한 미션이 중요해짐에 따라 일반적인 기업들도 기업의 존재 이유라든지 미션이 무엇인지를 다시 한번 생각해볼 수 있는 계기가 되는 것 같습니다. 그런 관점에서 대기업들도 마찬가지로 ESG에 대해 많이 고민하며 실제로 이런 사회적기업이라든지 사회적경제 소셜벤처와 협력할 수 있는 기회를 만들기 위해 힘쓰고 있고요.

포스트코로나 시대 청년 실업 문제 해결을 위한 연속포럼

김인제_ 청년들의 미래 유망 분야로서 소셜임팩트는 이미 다양한 방식으로 시도를 해왔고 긍정적인 성과도 나타나고 있습니다. 일자리 문제 해결의 주체로서, 앞으로의 유망 분야로서, 다양한 방법으로 사회문제를 해결하기 위해 도전하는 소셜임팩트에 많은 전통 기업과 미래의 기업이 도전하며 함께하는 것이 청년의 미래 직업에도 하나의 돌파구가 되지 않겠느냐는 기대를 해보게 되었습니다. 우리 서울시도 소셜임팩트와 관련된 발굴 그리고 육성과 개발을 우리 중간 조직에 있는 소셜임팩트의 기업, 단체들과 함께 공동의 목표를 잘 수행할 수 있는 정책을 마련하도록 하겠습니다.

EQUAL HOUSING
OPPORTUNITY
주거복지정책의 현재와 미래
자치분권형 서울주거복지포럼, 2019. 5. 29

지속가능한
주거복지 모델 2.0
2019
서울
주거
복지
포럼
주 최 서울특별시
주 관 프로젝트데이(Project Day)

CEIL-2
CEIL-1
지속가능한
2.0
자치분권형
전달체계

CEIL-2
자치분권형
전달체계

서울형 청년주거복지와
청년실업정책의 변화를 만들다

청년 살다

초판 1쇄 인쇄 2022년 2월 4일
초판 1쇄 발행 2022년 2월 11일

지은이 김인제
펴낸이 김기현
기획 및 편집 프로젝트데이(심영규)
디자인 그래픽스튜디오베이스(최승태)

시공문화사
주소 서울시 서대문구 독립문공원길 13번지 독립문 극동프라자 5층 시공문화사(Spacetime)
사업자번호 110-16-75041
TEL 02-3147-1212
FAX 02-3147-2626
www.spacetime.co.kr
spacetime@korea.com

값 20,000원